커피 지도사
2급

커피 지도사

(사)한국커피협회 지음

◉ 교재를 보기 위해 알아두어야 할 정보 _7

Chapter 1 커피 개론
　　　　　커피 일반 지식 _12
　　　　　커피 구입 및 보관 기술 _36

Chapter 2 향미 체험
　　　　　로스팅 _56
　　　　　다양한 커피 향과 맛 체험 _76

Chapter 3 침지/투과 실험
　　　　　클레버드리퍼 _92
　　　　　프렌치프레스 _111

Chapter 4 풀오버 브루잉 I
　　　　　드리퍼 종류별 사용법 _126
　　　　　일본식 브루잉 _144

Chapter 5 풀오버 브루잉 II
　　　　　스위트 브루잉 _160

Chapter 6	**각종 도구 사용 I**

사이폰 _180

Chapter 7	**각종 도구 사용 II**

콜드 워터 브루어 _198

에어로프레스 _212

Chapter 8	**각종 도구 사용 III**

모카포트 _226

체즈베 _244

Chapter 9	**에스프레소 사용**

에스프레소 머신 _258

프레소 _288

- 참고문헌 _301
- 집필진 _302

교재를 보기 위해 알아두어야 할 정보

본 교재는 교사와 학습자 모두가 활용할 수 있도록 구성되어 있다. 교사용으로는 강의를 위한 강의안과 보조 자료 및 학습 평가 문제를 제공하고 있고 학습자용으로는 커피 추출에 관한 기본 지식은 물론, 커피 도구에 대한 사용법 및 응용 실습까지 담고 있다. 학습자를 위한 커피 추출 도구 실습 과정은 기본 실습, 응용 실습, 심화 실습으로 나뉜다. 기본 실습은 각 추출 도구의 기본 사용법을 다루고 있고 응용과 심화 실습은 다양한 추출 변수를 적용하여 실험할 수 있도록 이끌고 있다. 실습에 주로 사용되는 준비물은 다음과 같다.

1) 사용 원두

■ 로스팅 정도

	약볶음	Medium roasting Agtron #75-65
	중볶음	City roasting Agtron #65-55
	강볶음	Full city roasting Agtron #55-45

■ 분쇄 정도

	굵은 분쇄 (Coarse)	1.0mm 이상
	중간 분쇄 (Regular)	0.5~0.7mm
	가는 분쇄 (Fine)	0.3~0.5mm
	에스프레소용 분쇄 (Espresso)	0.3mm 미만

■ 분쇄 정도 비교

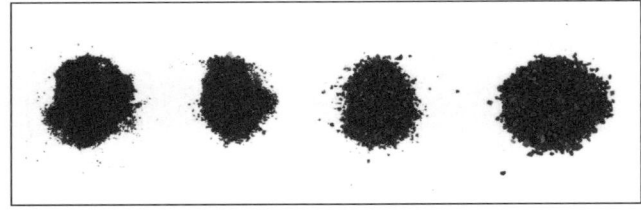

2) 물 온도

고온(96℃ 이상)	약볶음 커피를 사용할 때
중온(92℃ 이상~96℃ 미만)	중볶음 커피를 사용할 때
저온(92℃ 미만)	강볶음 커피를 사용할 때
상온(25℃)	콜드 워터 브루어를 사용할 때

3) 주요 사용 도구

커피포트   드립용 주전자   커피 그라인더

드리퍼   서버   저울

교반 스틱   스톱워치   온도계

Chapter 1

커피 개론

✚ 커피 일반 지식
✚ 커피 구입 및 보관 기술

커피 일반 지식

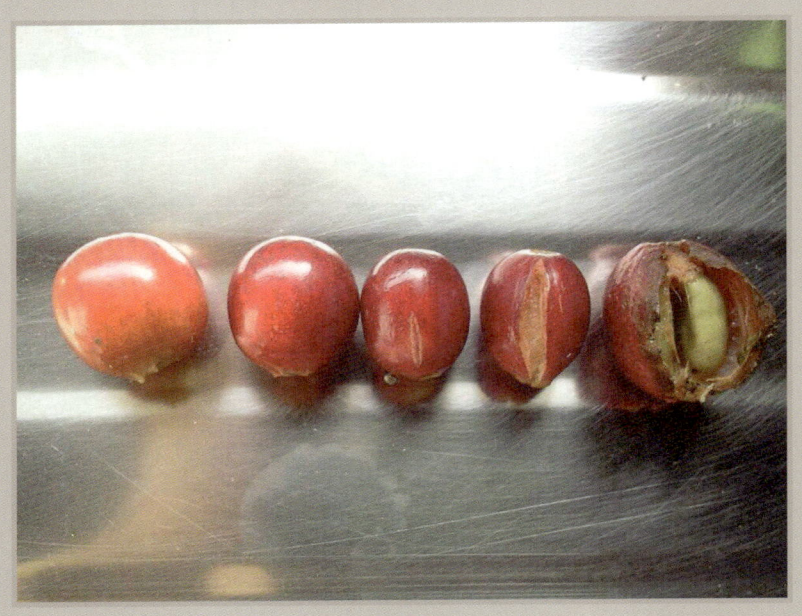

 커피에 대한 일반적인 지식과 그린커피, 로스팅, 추출, 음용 단계까지를 이해한다.

1 그린커피의 이해

커피의 향미를 결정하는 가장 근본적인 요소는 그린커피이다. 영어로는 그린빈(Green Bean), 일본에서는 생두(生豆)라고 표기한다. 커피 관련 서적 및 논문에서는 주로 그린커피(Green coffee, 이하 '그린커피'로 칭함) 또는 그린커피빈(Green coffee bean)이라고 말한다.

1) 향미의 특성에 따른 그린커피의 분류

커피나무는 약 2년이 지나면 흰색 꽃을 피우고, 약 3년 후에는 빨간색 또는 노란색의 열매(Cherry, 체리)를 맺는다. 커피열매에서 외피, 과육, 내과피, 은피를 벗겨낸 씨앗을 그린커피라고 한다. 이 작업은 그린커피의 품질을 좌우하는 중요한 가공 공정이다. 수확한 체리를 그대로 건조한 후 과육을 제거하는 건식법(Dry Method)과 물을 이용해 과육을 제거한 후 발효 및 건조하는 습식법(Wet Method)으로 크게 나뉜다. 현재 재배하는 주요 종(種)은 아라비카(Coffea arabica)와 카네포라(Coffeea canephora), 리베리카(Coffea liberica)가 있지만 상업적으로 전체의 95%를 차지하는 것은 아라비카와 카네포라이다. 리베리카는 추출해보면 톱밥 같은 맛이 나서 커피 시장에서 거의 퇴출되어버렸다.

아라비카종은 비교적 신맛과 달콤한 맛이 나고 맑고 깨끗하면서 고급스럽게 느껴진다. 카네포라종은 구수함과 함께 탁하고 까칠한 느낌이다. 그래서 사람들은 카네포라종보다는 아라비카종을 더 좋아하게 되었고 더 비싸게 거래되었다. 생산의 비중도 아라비카종이 더 많아지게 되어 세계 커피 생산량의 70% 이상을 유지하게 되었다.

이런 종에서 시작된 그린커피의 분류는 생산성 등의 조건에 따라 다양한 변종으로 갈라져나가고 있다. 그린커피의 품질을 결정하는 다른 기본적인 요소로는 토양, 재배 기술, 건조 가공, 유통 과정 등 다양한 상황들이 있다.

국제커피협회(ICO)는 가격 지표에서 커피를 '콜롬비아 마일드(Colombian Milds)', '다른 마일드(Other Milds)', '브라질리안 내추럴(Brazilian Naturals)', '로부스타(Robustas)'로 분류한다. 이를 참조하여 대중적인 향미의 관점에서 분류하자면, 3대 커피로는 아라비카 마일드, 아라비카 브라질, 로부스타가 가능할 것이다.

아라비카 마일드

아라비카 브라질

로부스타

3대 커피 중의 하나인 일반적인 브라질 커피는 신맛도 조금, 달콤 구수함도 조금, 쓴맛도 조금 있는 중간적인 맛을 낸다. 이런 특성을 가진 음료는 묽게 마시면 완전히 '밋밋'해지므로 오히려 진하게 마시는 것이 묵직한 느낌을 줄 수 있다. 이 커피는 특별히 중후한 특성의 양질감(Body)[1]에 강점이 있어서 거의 대부분 이탈리아의 에스프레소 커피 블렌드에 사용되고 있다.

3대 커피 가운데 신맛 특성과 함께 구수함보다는 달콤한 특성이 강한 마일드계의 커피는 맑고 깨끗하며 고급스러운 느낌을 준다. 그런데 이런 특성의 커피는 일반적인 추출 기법에서는 신맛이 강하게 나타나서 진하게 마시면 자극이 너무 강하여 부담스러울 수 있으므로 오히려 묽게 마시는 것이 좋게 느껴진다.

카네포라종 커피는 신맛(Sour)이 약하고 쓴맛(Bitter)이 강하며 구수한 특성이 뛰어나기 때문에 구수한 맛을 추구하는 것이 좋다.

2) 식물학적 특성에 따른 그린커피의 분류

커피 식물은 쌍떡잎식물로 꼭두서니과에 속한다. 아프리카와 아시아 열대지방에 자라며 종은 약 70여 가지가 있다.

【표 1】 커피의 생물학적 분류

Family 과(科)	Genus 속(屬)	Sub-Genus 아속(亞屬)	Species 종(種)	Variety 품종(品種)
Rubiaceae	Coffea	Eucoffea	Arabica	Typica 등
			Canephora	Robusta 등
			Liberica	Liberica 등

코페아 아라비카종은 보통 아라비카 커피(Arabica Coffee)로 부르며 원산지는 에티오피

[1] 바디(body)는 넓은 의미에서는 입속에서 느껴지는 촉감이라고 할 수 있고, 좁게는 혀 전체에서 고르게 느껴지는 다양한 맛의 분포라고 할 수 있다. 이것은 농도와 관계없이 그 강약으로 평가한다.

아이다. 주로 고지대에서 재배되며 맛과 향이 뛰어나다. 재배 조건이 까다로우며 병충해에 취약하다. 카페인 함량은 1.4% 정도로 로부스타보다 낮은 편이다. 코페아 카네포라종은 흔히 로부스타(Robusta)라고 부르며 아프리카 콩고가 원산지이다. 아라비카에 비해 저지대에서도 잘 자라고 병충해에 강한 편이다. 맛과 향이 아라비카보다 떨어져 주로 블렌딩(Blending) 커피나 인스턴트커피의 재료로 많이 쓰인다. 카페인 함량은 아라비카보다 2배 정도 높다.

커피열매는 빨갛게 익으면 체리처럼 보여 영어로는 '커피체리(Coffee cherry)'라고 부른다. 우리가 먹는 부분은 커피나무의 열매 중 과육을 제거한 씨앗이다. 그 씨앗을 그린커피라고 한다. 그린커피는 크기가 균일한 것을 선별해야 한다. 커피 역시 일반 농작물과 같이 이물질이 들어가게 되므로 벌레가 먹거나 썩은 콩은 골라내야 한다.

【표 2】 아라비카종과 로부스타종의 특성 비교

	아라비카	로부스타
분류 등록	1753년	1895년
원산지	에티오피아	콩고
발견 시기	6~7세기	1800년대 중반
유전자(2n)	염색체 수 44(4배체)	염색체 수 22개(2배체)
번식	자가수분	타가수분
재배 기온	15~24℃	24~30℃
재배 지역	비교적 서늘한 고지대	고온다습한 저지대
적정 재배고도	800~2,000m	700m 이하
적정 강수량	1,500~2,000mm	2,000~3,000mm
병충해	약함	강함
체리 숙성기간	6~9개월	9~11개월
체리 모양	크고 평평함(Flat)	작고 둥글다(Ovel)
카페인 함량	평균 1.4%	평균 2.2%

고형성분	평균 1.2%	평균 2.0%
맛	향기 풍부, 상큼한 맛 강함	좋은 신맛 적고, 중후함과 쓴맛 있음
주요 생산국가	브라질, 콜롬비아, 코스타리카 과테말라, 케냐, 탄자니아 등	베트남, 브라질, 인도네시아 인도, 카메룬, 우간다 등
생산	60~70%	30~40%
소비	원두커피용	인스턴트커피용

✚ 자료출처 ICO

아라비카와 로부스타는 현재 여러 가지 종으로 개량되고 교배되어 왔다. 아래에는 원종에 가까운 두 가지 주요 품종에 대하여 알아보았다.

(1) 티피카(Typica)

아라비카 원종에 가장 가깝다. 주로 중남미와 아시아에서 넓게 재배되고 있으며 길쭉한 타원형 모양으로 우수한 향과 신맛을 가지고 있다. 병충해에는 약하고 생산성이 낮아 격년(한해씩 거르는 것)으로 수확을 해야 하므로 재배와 생산성에 어려운 점이 있다. 티피카는 상큼한 레몬 향과 꽃향기를 느낄 수 있고 달콤한 뒷맛의 여운을 남긴다.

중미에서는 아라비고(Arabigo), 크리올로(Criollo) 등으로 불리기도 한다. 1967년까지는 콜롬비아에서 티피카가 100% 재배되었으나 현재에는 생산성이 높고 직사광선에 강한 카투라(Catura)와 콜롬비아(Colombia) 품종이 총 생산량의 80~90%를 차지하고 있다.

(2) 버번 벨메료(Bourbon Vermelho)

티피카와 같이 아라비카 원종에 가까운 우량종이다. 1864년 예멘을 시작으로 동아프리카의 마다가스카르 섬의 동쪽 인도양에 떠오른 버번(Bourbon) 섬(현 레위니옹 섬(Reunion Island))에 이식시킨 것이 기원이다. 그 후 프랑스 개척자들에 의해 브라질로 이식되었다. 대부분 커피나무에 체리가 빽빽이 많이 열리고, 작고 둥근 모양이다. 수확량은 티피카보다 20~30% 많으나 상품성으로는 상대적으로 낮은 편이다. 격년수확과 적은 생산성으로 점차적으로 타 품종으로 개량되고 있다. 기존에는 티피카의 변종으로 분류되었으나 일부에서는 '버번'이 또 하나의 원종으로 존재했다고 주장하기도 한다.

나뭇잎이 넓고 체리는 작으며 동그랗고 밀도가 높은 편이다. 와인에서 느낄 수 있는 새콤달콤한 특성의 향미를 가지고 있다. 최근 각광받는 프리미엄급 품종은 과거에는 브라질에서 유명했으나 현재는 중미, 케냐, 탄자니아 쪽에서 격년 수확으로 더 많이 생산되고 있다.

그 외 버번 아마렐로(Bourbon Amarelo)는 버번 벨메료와 외관은 닮았지만 나무는 더 크며 황색의 체리가 열린다. 아마렐로는 티피카, 버번 벨메료의 개량품종으로 생산성이 높다.

3) 생육 조건에 따른 그린커피의 차이

커피나무는 생육 조건에 따라 성장과 그 수명이 달라지며 그린커피의 품질에도 영향을 미치게 된다. 토양은 최소 2m 깊이로 물 빠짐이 좋고 어느 정도 보유력을 가진 pH 5~6 정도의 화산성 토양에서 잘 자란다. 커피나무는 일조량에 따라 성장 정도와 품질에 영향을 받게 된다. 최적의 일조량을 조절하기 위하여 그늘 재배를 많이 이용한다. 최적의 일조량은 연간 평균 2,200~2,400시간이 필요하며 햇빛에 노출되는 일광량은 우기 60%, 건기 60~75% 정도가 적당하다.

번식 방법은 아라비카는 자가수분, 로부스타는 타가수분이다. 하지만 커피는 그 외에 다양한 방법으로 경작이 가능하며 가지치기, 이식하기, 접붙이기, 조직 배양 등이 있다.

4) 수확 과정에 따른 그린커피의 특징

그린커피의 수확 방법은 산지의 특징에 따라 다르며, 커피의 가공 방식과 밀접한 관계를 갖는다. 아라비카는 보통 한 나무에서 5kg의 열매를 수확하게 되고 가공하고 나면 그린커피로는 1.2kg이 된다.

스트리핑(Stripping)은 나무 아래 천을 깔고 한 번에 나뭇가지를 훑어서 커피열매를 따는 방법이다. 이 방법은 자연건조 가공에서 주로 사용하는 방법이다. 체리의 표면이 비교적 마르고 딱딱해져서 다루기 쉽기 때문이다. 나무 밑바닥에 잡초와 쓰레기들을 미리 치우고 땅을 평평하게 하는 준비 작업을 미리 해주면 과실의 손실을 막을 수 있다. 수확할 체리가 2/3를 차지할 때가 가장 좋은 시점이다. 한 번에 일시적으로 수확이 가능하므로 비용을 줄일 수 있는 장점이 있지만 커피나무에 손상을 줄 수 있으며 품질이 균일하지 않다는 단점이 있다.

핸드픽킹(Hand-picking)은 잘 익은 체리만 직접 손으로 따는 방법으로 높은 품질의 최고급 커피를 보장할 수 있다. 하지만 많은 시간과 노력이 필요하여 인건비가 많이 든다. 주로 경사가 심한 곳에서 수확하는 방법이며 대부분의 소작농민들이 주로 사용하는 방식이다.

기계수확은 브라질처럼 대규모 농장이나 재배지의 경사가 완만하고 커피나무의 재배 밀도가 넓은 지역에서 주로 사용한다. 빠른 시간에 많은 양을 처리할 수 있으나 대규모의 장비와 시설이 필요하므로 고가의 기계 구입비가 든다. 또한, 나무에 손상을 주기 쉬우며 잘 익은 것만을 수확하기 어려운 단점이 있다.

5) 가공 과정에 따른 그린커피의 특징

수확한 그린커피는 당일에 바로 가공 처리한다. 지역에 따라 산지의 특성, 물의 성분, 일조량, 습도, 바람 등의 조건에 따라 가공 방법을 달리 선택하게 된다. 각 가공 방법들은 커피의 향미 형성에 큰 영향을 미친다. 건조 공정(Dry processing), 펄프드내추럴 공정(Pulped natural processing), 수세 공정(Washed processing), 반 수세 공정(Semi washed processing) 등 다양한 가공 방식이 있다.

우선 건조 공정은 옛날부터 전해 내려오는 방법이다. 물 공급이 어려운 브라질이나 인도네시아, 에티오피아, 예멘 등의 농장에서 주로 사용되었다. 체리를 수확한 후 펄프를 제거하지 않고 그대로 건조시키는 방법이다. 스트리핑이나 기계로 수확한 경우에 주로 사용된다. 수확한 체리는 두 가지 방법으로 가공한다. ①바로 건조 단계로 넘겨서 천일 건조(Patios or racks)로 수분 20~30%까지 건조하고 인공 건조(기계 건조)를 통해 수분 11~12%까지 건조하는 과정을 거친다. ②키질과 체질을 한 후 물에 담가 무거운 체리와 가벼운 체리를 따로 구별하여 각기 다른 건조 단계로 넘겨서 수분 11~12%까지 말린다. 주로 로부스타 재배지에서 이 방법을 사용한다. 그린커피의 향미 특성은 바디가 강하고(Heavy in body) 달콤 구수하며(Sweet) 부드럽고(Smooth) 복합적인 향미(Complex)를 가지게 되나 결점두가 많은 단점이 있다.

펄프드 내츄럴 공정은 일명 반건조 방식(Semi-dry processing)이라고도 하며 수확한 체리를 펄핑한 후 점액질을 제거하지 않고 건조하는 방식이다. 1990년초 브라질(Cereja descascado로 불림)에서 시작하였다. 이는 스트리핑 수확과 기계 수확을 한 체리로 가공 처리할 때 많이 사용하는 방식이다. 건조 시간은 자연건조 가공에 비해 짧고 미생물에 의해 발효되는 위험도 줄일 수 있다. 단종으로나 블렌딩으로 에스프레소용에 많이 사용되며, 주로 브라질에서 사용되는 방식이다. 1년에 3백만 백까지 생산된다. 맛의 특징은 자연건조 방식보다는 더 깔끔하고 수세 방식보다는 바디가 더 나타나지만 그린커피 재배의 고도에 따라서 약간의 차이가 난다.

수세 공정은 일정한 설비와 풍부한 물이 있어야 가능한 방식으로, 건조 방식이나 펄프드내추럴 방식보다 더 균일한 품질의 그린커피를 얻을 수 있다. 콜롬비아, 케냐, 탄자니아, 코스타리카, 하와이, 자메이카 등 대부분의 아라비카 생산국에서 사용하고 있고 일부 로부스타(인도네시아 WIB)에서도 쓰이고 있다. 수세 공정은 수확한 체리를 펄핑하여 과육을 제거한 후 발효시켜 점액질을 제거하고 건조하는 방식으로, 수세 공정에서 발효 과정 후 버려진 물은 심각한 환경오염 문제를 야기하기도 한다.

이를 보완하기 위하여 새로운 형태의 가공 방식들이 선보였다. 점액질 제거기(Mucilage remover)가 나오거나 수산화나트륨(NaOH)의 화학 물질을 이용하여 단시간에 품질에 손상 없이 발효시키는 방법들이 나왔다. 이 방식들은 친환경적인 방법으로 환경오염을 줄여줄 수 있었다. 이로써 반 수세 공정이라는 가공 방법이 등장하게 되었다. 반 수세 공정을 거친 그린커피는 더욱 깔끔하고(Cleaner), 더욱 밝고(Brighter), 더욱 과실 향(Fruitier)이 나는 편이나 바디가 약한 단점이 있다.

6) 저장 및 유통에 따른 그린커피의 특성

(1) 그린커피의 저장

그린커피는 땅에 심으면 발아되어 커피나무가 되는 살아있는 존재이다. 온도가 5~15℃에서 파치먼트일 때, 수분이 15~18%, 상대습도가 35~55% 있다면 아직 발아력이 남은 상태이다. 그린커피의 이상적인 수분함유율은 아라비카가 11~12%, 로부스타가 11~13%이고, 이상적인 상대습도는 60% 미만이어야 한다. 11% 이상의 수분이 있다면 미생물이 활동하기 쉬우므로 품질 관리에 유의해야 한다.

(2) 저장 환경의 중요성

그린커피는 가공 후 저장하고 보관하며 유통되는 과정에서 변화하기 시작한다. 물리적인 외관(모양, 색깔, 크기 등) 및 커피 향미 등이 변하기 시작하므로 그린커피를 로스팅하기 전에 항온항습인 상태(상대습도는 60% 미만, 최소 20℃ 이하)에서 적절히 보관하는 것이 중요하다. 커피 산패는 하나의 결점 요소가 되고, 공기 습도가 80%이상이면 그 속도는 가속화된다.

7) 그린커피의 등급

나라마다 그린커피의 등급 짓는 방법과 명칭이 다르다. 다음은 결점두, 크기, 고도에 따라 나눠진 대표적인 그린커피 등급과 주된 산지를 표로 나타낸 것이다.

【표 3】국가별 그린커피 분류

결점두		크기		생산고도	
브라질	No2~No6	콜롬비아	Supremo, Excelso	코스타리카	SHB, HB
	Santos		Medellin America		Tarrazu

인도네시아	grade1~6	케냐	AA, AB, C	과테말라	SHB, FHB, HB
	Mandheling		Kenya AA		Antigua
에디오피아	grade1~6	탄자니아	AA, A, B, C, PB	멕시코	SHG
	Yirgacheffe Harrar,Sidamo		Kilimanjaro		Oaxaca
예맨	-	하와이	Kona Extra Fancy Kona Fancy Kona Prima	자메이카	Blue Mt. High Mt. PW
	Mattari, Sanani		Kona		Blue Mountain

한편, SCAA에서의 커피의 등급은 점수로 나타낸다.

95~100 Super premium Specialty
90~94 Premium Specialty
85~89 Specialty
80~84 Premium

COE(Cup of Excellence)의 평가 기준은 다음과 같다.

80점 이상 Specialty
79점 이하 Commercial(High or Premium)
75점 이하 Exchange(일반 커머셜)
등외 Triage(거래되지 않음)

2 커피의 선택

좋은 커피를 고르기 위하여 볶음커피에 대한 기초 지식이 필요하다. 이 장에서는 커피의 종류와 소비 추세, 실제로 커피를 선택할 때 유의할 점을 기술하여 자신에게 맞는 커피를 찾는 데에 도움을 주고자 한다.

1) 커피 분류

1970년대 말, 미국의 커피 시장은 품질보다 낮은 가격이 우선시되는 추세였다. 그에 따라 필연적으로 음료 시장에서 맛과 경쟁력이 떨어지게 되고, 결국 커피 소비가 줄어드는 상황을 맞이했다. 이에 새로운 방향으로 고급 커피의 생산과 적극적인 홍보 및 판매가 이루어지기 시작하였고 이 흐름은 유럽으로도 이어졌다. 1980년대 말, 보다 구체적인 품질 기준을 적용한 '스페셜티 커피'라는 새로운 고급화 흐름이 나타나게 되었다.

스페셜티 커피는 전 세계 커피의 8~10%에 불과하다. 미국스페셜티커피협회(SCAA, Special Coffee Association of America)에서 100점 기준으로 85점 이상을 받은 커피로 이상적인 기후와 토양의 영향으로 독특한 향미를 갖는다.

커머셜 커피는 상업적으로 대량 유통되는 일반적인 커피로, 편의성이 큰 장점인 인스턴트커피 생산에도 사용된다. 인스턴트커피는 가공 과정을 거치면서 커피 고유의 향기가 훼손되기 때문에 다양한 커피 품종이 지니고 있는 독특한 개성을 살려내기 어렵다는 단점이 있다.

2) 커피 선택 방법

커피를 고를 때는 '선택의 기준을 어디에 둘 것인가'라는 점을 고려해야 한다. 앞 장에서 설명한 다양한 품종별 그린커피의 특징 또는 추출 기구의 특징, 추출 방법에 따른 특성 등에 따라 선택이 가능하다. 이는 모두 맛과 직결되며 그린커피, 추출기구, 추출 방법 등의 상호 연관성과 그 결과에 대한 지식 및 경험을 축적하는 것이 커피의 풍부한 향미를 즐기고 찾아가는 데 도움이 될 것이다. 다음은 추출에서 고려해야 할 커피와 물의 조건에 대하여 알아보자.

(1) 커피의 상태

첫째, 커피는 볶음도에 의하여 그 성격이 정해진다. 향미의 특성이 결정되며 추출과 연관된 커피의 팽창 상태가 결정된다. 추출은 이런 커피의 상태를 정확히 이해하고 연구해야 한다. 커피는 볶음 정도와 볶음 시간에 따라 기본적인 성질이 결정된다고 볼 수 있다. 볶음 정도에 따라 가공 정도가 결정되고, 볶음 시간에 따라 손실의 정도가 달라진다. 이 두 가지가 복합적으로 커피 조직의 팽창 상태를 결정하는데, 이 팽창 정도는 추출에 직접적인 영향을 미친다.

둘째, 원두의 신선도가 있다. 로스팅 후 추출 전까지의 시간으로 볶은 직후가 항상 최상인 것은 아니다. 그린커피에 따라 적정한 시간이 다르다. 다음으로, 볶은 커피의 분쇄도가 있다. 커피의 종류와 볶음도가 같아도 분쇄 굵기에 따라서 추출 시간이나 맛의 차이가 커지며, 이것은 커피와 물이 접촉하는 방식의 차이와 시간의 차이가 맛을 결정하기 때문이다. 따라서 커피 기구가 얼마간의 시간에 걸쳐서 추출되도록 설계된 것인가를 살펴본 후에 그에 맞춰서 커피를 분쇄해야 한다. 예를 들면, 에스프레소는 원두를 아주 미세하게 분쇄하고, 퍼콜레이터를 사용할 때에는 아주 굵게 분쇄해야 할 것이다. 다음은 각종 커피 추출 기구에 표준적으로 제시할 수 있는 분쇄 기준이다.

【표 4】 도구별 분쇄 기준

에스프레소, 모카포트	아주 곱게(지름 0.3mm 이하 정도)
수동식 드리퍼	중간보다 조금 곱게(0.3mm~0.5mm 정도)
진공식 기구(베큠 브루어, 사이폰)	중간 정도의 굵기(0.5mm~1.0mm 정도)
자동식 커피메이커	중간 정도의 굵기
프렌치프레스(플런저)	중간 정도의 굵기
퍼콜레이터	아주 굵게(지름 1.2mm 정도)

(2) 물의 3대 조건

일반적으로 조절이 가능한 물의 3대 조건은 온도, 시간, 그리고 양이다. 온도는 높을수록 강한 추출력을 가지고, 시간을 길게 끌수록 강한 추출이 일어나며 양은 많을수록 수용성 커피 성분의 확산 속도가 빠르게 나타난다. 앞서 언급한 과정이 커피의 종류를 알고 구별하는 법이었다면, '추출'은 본격적으로 볶은 커피의 향기를 맡으면서 즐기는 순서이다. 이 과정에서 가장 유의해야 할 점은 온도이다. 추출 온도의 중요한 근거는 커피와 물의 접촉 온도이며, 이론적으로 잘 볶은 신선한 커피를 추출하기 위한 최적의 온도는 92℃~96℃이다. 그러므로 그보다 높은 95℃~98℃의 물을 사용해야 붓는 과정에서 온도가 떨어져, 실제로 커피와 접촉할 때는 추출에 적절한 물 온도가 된다. 볶음도가 하이 로스트일 경우, 적당한 물 온도는 보통 95℃~98℃이다. 이는 팔팔 끓인 물로, 부을 때 튀지 않을 정도로 된 가장 높은 온도 내지는 그보다 약간 낮은 온도이다.

커피를 추출할 때 매우 주의해야 할 사항 중에 하나는 물이 불규칙하게 끓어 넘치는 경우이다. 이렇게 지나치게 뜨거운 물로 추출하면 물이 주전자 입구로 나오는 순간, 수증기와 함께 물방울이 튀듯이 불규칙하게 나오는 수가 있다. 이렇게 되면 추출된 커피 맛이 거칠어진다.

그렇지만 고급 커피라고 하는 스페셜티 커피의 일반적인 볶음도인 시티 로스트(City roast)'와 '풀시티 로스트(Full city roast)'로 볶은 커피라면 좀 더 낮은 온도의 물을 사용할 필요가 있다. 이 정도의 볶음도라면 94℃ 정도의 물을 권한다. 다만 최근에 와서는 스페셜티급 커피를 더 약하게 하이 로스트(High roast)정도로 볶는 경우가 많아지고 있는데, 이런 경우라면 대부분 끓는 물로 추출하는 일이 많다.

(3) 분쇄된 커피와 추출량

커피 잔의 크기에 따라서 커피 양도 달라진다. 커피는 잔의 80% 정도 담는 것이 좋으므로 150~180ml 잔일 경우 130~150ml 정도가 적당하다. 보통 머그잔에는 250~350ml 정도의 커피가 담기는데, 여기에 반 조금 넘게 담으면 170ml가 된다. 170ml를 기준으로 한 잔당 분쇄커피 6~8g 정도를 사용하는 것이 마일드 커피에 가장 적당한 양으로 본다.

일반적으로 볶음커피를 추출할 때에는 계량 눈금이 있는 서버(Server)를 사용하여 적당한 양을 추출하도록 한다. 사람마다 기준이 다를 수 있으므로 블랙커피로 즐기지 않고 크림이나 설탕을 첨가할 때는 기호에 따라 커피 양을 달리할 수 있다.

3) 커피의 이름

커피의 이름은 매우 논리적으로 지어진다. 이름에는 그 커피에 대한 정보와 성격을 알 수 있다. 일반적으로 단일 품종의 커피는 재배 지역, 생산 국가, 집하장, 선적되는 항구, 커피콩의 등급 등에 따라 이름을 붙이고 있다. 예를 들면 다음과 같다.

- (1) **브라질리안 산토스 버번** : 브라질에서 재배되어 산토스 항을 통해 수출된 버번 종의 커피
- (2) **콜롬비안 부카라망가 수프레모** : 콜롬비아의 부카라망가 지역에서 생산 가공된 커피 중에서 스크린 17 이상의 수프레모급 커피
- (3) **에티오피안 이르가체페 G2** : 에티오피아 이르가체페 지역에서 수세식 가공법에 따라 생산된 커피

(4) 마라카이보 베네수엘라 : 마라카이보 항[2]을 통해 수출된 베네수엘라 산의 커피

위의 예는 단종 커피의 경우이고, 블렌드된 커피(Blended coffee)[3]의 경우는 조금 다르다. '블루마운틴 블렌드', '모카 자바 블렌드', '코나 블렌드' 등의 경우처럼 섞음에 사용된 커피의 이름을 사용하는 경우도 있고, '카페 로얄', '에스프레소 블렌드', '골드 블렌드'처럼 섞음 커피를 알 수 없는 경우도 있다. 일반적으로 이름에서 커피의 성격과 품질을 짐작할 수 있으나, 때로는 이를 악용한 저급한 커피도 적지 않은 것이 현실이다.

---

[2] 커피를 선적하는 베네수엘라 최고의 항구

[3] 섞기(blend, 배합)
  (1) 섞기의 의미와 목적 : 단품(스트레이트 커피)에는 각각의 개성이 있지만 상대적으로 편향성이 있다. 그러므로 여러 종류의 커피를 섞어 장점을 살리고 단점을 보안하여 전체적으로 조화된 맛을 만드는(조화미의 창조) 것이다. 매우 드물게 특정 커피의 개성을 더욱 돋보이게 하기 위해 다른 커피를 배합하는 경우(개성미의 강조)도 있으며, 1급품+2급품, 고가+안정가의 편성(가격, 품질 조정)의 경우도 있다.
  (2) 섞기의 효과 : 불쾌감을 느끼지 않고 신맛과 쓴맛의 균형에 의해 깊은 맛을 내며, 원만한 맛과 고상한 맛이 있으면 성공적이다.
  (3) 사용하는 커피 : 유통과 품질 그리고 가격이 안정되어 있는 것을 선택하며 로스팅에 의한 미각차를 고려하여 종류와 배합률을 결정한다. 절대적인 공식은 없기 때문에 컵 테이스트에 따라 유동적으로 판단한다.

3 커피의 맛

커피 애호가들은 점차 다양한 커피를 접하고 맛을 음미하며 진정한 커피의 맛에 대하여 생각해볼 기회가 많아지고 있다. 이번 장에서는 커피 맛에 대하여 알아보도록 한다.

1) 커피 맛의 요소

커피 맛은 일반적으로 신맛, 단맛, 쓴맛을 3대 요소라고 정의해왔다. 그러나 현실적으로 커피에서 단맛이란 단어는 쉽게 이해하기 어려운 말이다. 이는 적어도 일반인들이 느끼는 커피에서는 다소 비현실적일 수 있다. 실제로 일반적인 추출에서 나타나는 커피 맛은 쓴맛과 신맛의 두 가지 요소가 절대적인 비중을 차지하기 때문이다.

(1) 달콤 구수한 맛(Sweet)

달콤하다는 표현보다 잘 추출한 커피에서 느낄 수 있는 긍정적인 맛으로는 구수함이 있다. 영어 표현인 'Sweet'는 일반적인 해석으로 '달다'의 단맛을 먼저 떠올리기 쉽지만, 실제로는 구수함이라는 의미가 내포되어 있다. 커피의 'Sweet'는 오히려 구수함에 더 가까운 감각이고, 전체적으로는 '달콤 구수한 맛'이라고 이해할 수 있다.

(2) 신맛(Sour)

신맛은 커피에 따라 조금씩 다른데, 고급 커피에서 맛의 주요 요소는 신맛이다. 신맛이 없는 커피를 선호하는 사람들도 있는데, 이는 고급 커피가 가진 맑고 상쾌한 신맛을 경험해보지 못해서일 것이다. 커피의 중요한 기능 가운데 하나가 긍정적인 기분을 느끼고 작업의 능률을 올려주는 점이라면, 바로 이 신맛 속에서 그 특징을 찾을 수 있다.

(3) 쓴맛(Bitter)

'커피 맛'이라고 하면 '쓰다'를 떠올리는 경우가 있는데, 그것은 대체로 인스턴트커피나 낮은 등급 커피의 영향이다. 고급 커피에서 느껴지는 쓴맛은 '씁쓸함'으로, 이는 구수함을 포함하는 씁쓸함으로 표현할 수 있을 것이다.

커피 맛의 3요소라 일컬어지는 것에 대하여 살펴보았지만 이는 다분히 주관적인 관찰일 수 있다. 실제로 커피를 마시면서 느끼는 맛은 이보다 훨씬 다양하므로 커피 맛을 설명하는 데는 충분하지 못하다. 사람들은 음식을 대할 때 자신이 가진 감각기관의 대부분을 동원한다. 우선 눈으로 보고 소리로 듣고 냄새를 맡게 되는데, 이것이 혀로 맛보기 위한 전초 감각이다. 음식을 맛본다는 것은 향기를 맡는다는 사전 동작이 특히 중요하다고 말할 수 있다. 이 때문에 고급 음식 문화를 말할 때는 반드시 맛과 향을 함께 언급하게 된다. 고급 품질의 커피는 뛰어난 향기와 훌륭한 맛뿐만 아니라 마시고 난 뒤끝까지 맑고 깨끗함을 느끼게 한다.

2) 커피 맛있게 즐기기

기존의 여러 실험을 살펴보면, 기구와 상관없이 커피를 바로 추출했을 때 온도는 88~73℃ 정도임을 알 수 있다. 그리고 즉시 예열된 커피 잔에 서비스하여도 이미 손님 앞에 놓이면 보통 75℃ 이하로 내려간다. 보통 사람들은 65℃ 정도라면 천천히 여유를 가지고 맛을 음미하면서 마실 수 있는 온도로 느낀다. 그러나 그 이하로 내려가게 되면, 예를 들어서 설탕이나 크림을 추가하는 경우 또는 제공된 지 10분 이상이 지났을 때는 뜨겁다는 생각을 하지 않게 된다.

커피 맛을 최상으로 느낄 수 있는 온도에 대하여 전문가의 의견은 다양하다. 그중에서는 60~65℃ 정도가 적당하다는 설이 가장 많고, 50℃ 정도가 맛을 느끼기에 가장 적당하다고 말하는 사람도 있다. 그러나 실제로는 60℃ 정도면 지나치게 뜨겁게 느껴지는 온도이고, 입 속에 들어가는 순간 온도가 46℃ 이하로 내려가야 겨우 맛을 느낄 수 있다고 한다. 일부에서 말하는 80~85℃는 설탕이나 크림을 첨가할 경우를 가정하여 온도가 떨어지기 전의 경우이다.

여러 차례에 걸친 시음 결과와 여러 사람의 의견 등을 참조하면, 혀에서 맛을 느끼는 순간은 체온에 가까운 온도가 커피 맛을 바르게 음미할 수 있는 가장 적당한 온도라고 보고 있다. 따라서 고급 커피를 블랙으로 마실 때는 65~45℃ 정도로 제공하는 것이 가장 적당하다.

(1) 추출한 커피의 보관과 관리

커피를 다룰 때 업소나 가정집 등에서 가장 흔히 볼 수 있는 잘못은 커피를 필요 이상으로 추출한 후 다시 끓이거나 데워서 마시는 것이다. 이는 반드시 피해야 할 일이다.

추출 후 커피는 즉시 물리적 또는 화학적 변화가 시작된다. 따라서 추출 후 오랜 시간이 지나거나 다시 끓인 커피는 좋은 맛을 잃게 되므로 가능한 한 바로 즐길 것을 권장한다.

시간을 두고 즐기고자 한다면, 보온병에 담아서 보관하거나 아이스커피로 즐기는 것이 적합하다. 온도를 잘 유지하는 보온병이라면 보통 반나절 정도는 맛이 크게 부정적으로 변화되지 않은 상태로 음용할 수 있다. 아이스커피의 경우 진하게 뽑지 않더라도, 보통 정도로 뽑아서 식힌 다음 향기가 빠져나가지 않도록 밀봉하여 냉장 보관하면 적당히 맑고 깨끗한 커피를 즐길 수 있다. 드리퍼를 사용하여 추출할 때는 추출 전 서버에 얼음을 담아서 뽑으면 추출과 동시에 냉각이 진행되기 때문에 비교적 쉽게 향미를 보존할 수 있다.

적당히 식혀서 즐기고 싶다면 보통 커피보다 연하게 추출하여도 좋은 맛을 느낄 수 있다. 신선한 상태로 유통되는 고급 커피들은 일반적으로 사용하는 커피 양의 1.5배 정도를 추출하는 것을 권하지만, 물 대신 마시고 싶을 때는 10g에 300ml 정도를 추출하여도 맛을 낼 수 있다. 다만 이와 같은 방법에 적합한 종류의 커피를 구매하는 것이 좋을 것이다.

(2) 커피 블렌딩(Blending)

커피의 가장 기본적인 맛은 신맛과 쓴맛이다. 반드시는 아니지만 대체로 신맛 주변에는 향기가 있고, 쓴맛 주변에는 맛의 깊이가 있다. 여기에 고소함과 달콤함을 포함하는 밀도를 생각할 수 있다면 좋은 커피를 찾는 감각을 가질 수 있을 것이다.

단종의 커피로서 좋은 커피란, 이런 두 가지 맛을 기반으로 하여 다른 긍정적인 느낌의 맛들이 잘 조화된 커피를 말한다. 블렌딩 커피에 있어서 좋은 커피란, 섞어서 좋은 조화를 이루었을 때 훌륭한 블렌딩이라고 할 수 있다. 한편 매우 좋은 단종 커피는 블렌딩되었을 때 오히려 개성과 자극이 사라진 맛이 되어버릴 수도 있다.

맛에서 결함이 느껴지는 원인은 특정한 맛이 지나치게 강하거나 약한 경우이다. 블렌딩의 기본은 강한 맛은 중화시키고 약한 맛은 보강해줄 수 있는 커피를 섞어서 전체적인 조화를 이루도록 하는 것이다. 물론 커피 자체가 좋지 않거나 로스팅이 적절하지 못해서 나타나는 이상한 맛도 있다. 이 경우는 블렌딩으로 해결할 수 있는 것은 아니지만, 블렌딩을 잘 활용하면 단점도 중화하는 것이 가능하다.

이런 관점에서, 블렌딩에서 사용할 커피 자체의 특성과 로스팅 특성 등을 파악하고, 섞기 전에 어떤 특징을 가진 커피를 만들 것인지에 대한 분명한 생각을 해야 한다. 물론 커피들 각각의 개성에는 신맛과 쓴맛 외에 그 커피만이 가진 고유하고 독특한 맛까지 포함된다.

블렌딩 방법은 크게 세 가지로 나뉜다. 단계적으로 보면, 그린커피를 섞어서 로스팅하는 방법과 로스팅 후에 섞는 방법, 그리고 추출 후에 섞는 방법이 있다. 앞의 두 가지는 일반적으로 실행되고 있는 방식이며, 추출 후는 새로이 고려해볼 수 있는 방식이다.

커피의 특성에 따라, 그리고 로스팅 정도에 따라서 추출 온도나 방식을 달리해야 한다는 이론을 근거로 앞으로 그 가능성에 대하여 다양하게 실험하고 제시하는 것이 필요할 것이다.

 강의안

교과명	커피 개론	단원	커피 일반 지식	차시	1
교육 목적	커피에 대한 일반적인 지식과 그린커피, 로스팅, 추출, 음용 단계까지를 이해한다.					
수업 자료	품종별·등급별·가공별 원두, 드립 세트, 그라인더, 스톱워치, 저울, PPT 자료					

학습 단계	수업 내용	교수-학습 활동	지도상의 유의점
도입	▷커피의 다양성과 즐기는 방법	1. 나에게 커피란? • 커피에 대한 생각 나누기 2. 교육 내용 및 구체적인 목표 제시	▷학습자의 개인 선수 지식 파악(홈카페 과정 인지 정도) ▷학습자 동기 유발 ▷PPT 자료 활용
전개	▷커피 향미의 다양성	1. 볶음 커피와 인스턴트커피의 차이 • 향미 비교 시음 2. 등급별 볶음 커피 시음 3. 가공별 볶음 커피 시음(내추럴/워시드)	▷실습
실습 평가 및 정리	▷실습 결과 체크	1. 실습을 통한 선호도 발표 • 변수에 따른 감각적 변화 등 2. 회기 요약정리 및 다음 회차 안내	▷실습 결과 토의 • 학습자 개인의 선호도 개별 체크, 이해도 파악

문제

1. 좋은 커피를 만드는 필수적인 요소로 볼 수 없는 것은?
   ① 커피 생두의 품질   ② 로스팅 기술   ③ 추출 기술   ④ 비싼 머신

2. 다음 중 커피의 어원이 된 아랍어는 무엇인가?
   ① Kishe   ② Cova   ③ Chaube   ④ Qahwah

3. 다음 중 커피의 향과 맛을 결정하는 근본 요인이라고 볼 수 없는 것은?
   ① Green coffee   ② Roasting   ③ Milk steaming   ④ Brewing

4. 커피 발견의 역사에 등장하는 인물 가운데, 염소를 돌보던 목동으로 최초로 커피를 발견한 사람은?
   ① 칼디   ② 마호메트   ③ 일리   ④ 라바짜

5. 아라비카종 커피나무의 원산지로 알려진 나라는?
   ① 예멘   ② 에티오피아   ③ 브라질   ④ 인도네시아

6. 유럽 국가 중 가장 먼저 커피나무를 경작한 나라는?
   ① 프랑스   ② 네덜란드   ③ 영국   ④ 이탈리아

7. 원산지 에티오피아로부터 최초로 커피가 전파되어 경작된 나라는?
   ① 인도   ② 인도네시아   ③ 예멘   ④ 브라질

8. 커피 품종의 분류에 속하지 않는 것은?
   ① 아라비카종   ② 리베리카종   ③ 로부스타종   ④ 베베카종

9. 다음 중 커피의 3대 원종에 포함되지 않는 것은?
   ① 카투라   ② 리베리카   ③ 카네포라   ④ 아라비카

문제

10. 커피를 최초로 볶아서 즐기기 시작한 나라이며 체즈베(이브릭)라는 추출 기구를 사용하는 나라는?

    ① 에티오피아   ② 예멘   ③ 인도   ④ 터키

11. 커피 페이퍼필터를 최초로 고안하여 상용화한 사람은?

    ① 메리타 벤츠   ② 가토   ③ 린네   ④ 베제라

12. 드립 추출 시 커피 케이크가 부풀어 오르거나 표면에 거품이 생기는 이유는 커피의 어떤 성분에 의한 것인가?

    ① 아미노산   ② 유기산   ③ 단백질   ④ 탄산가스

13. 커피에 함유된 탄산가스에 대한 설명 중 틀린 것은?

    ① 향기 성분과 산소와 접촉을 막아준다.
    ② 커피의 원활한 추출을 방해한다.
    ③ 커피 추출액에 거품이 생긴다.
    ④ 신선한 커피일수록 탄산가스가 적다.

14. 다음은 어떤 종에 관한 설명인가?

    > 쓴맛이 강하고 향이 독특하다. 주로 동남아시아나 서아프리카 등 유럽의 과거 식민지에서 재배하는데 에스프레소 커피에도 사용한다.

    ① 아라비카종   ② 리베리카종   ③ 로부스타종   ④ 피베리

15. 물이 고정되어 있는 커피 사이를 지나가면서 추출이 진행되는 방식은 무엇인가?

    ① 투과식   ② 침출식   ③ 반침출식   ④ 반투과식

문제

16. 추출이 진행되는 과정에서 일어나는 현상이 아닌 것은?
    ① 침투   ② 용매   ③ 용해   ④ 분리

17. 물과 커피가 만나면서 물이 커피 입자의 내부로 스며드는 현상을 무엇이라 하는가?
    ① 침투   ② 용해   ③ 분리   ④ 확산

18. 분쇄 커피 입자의 내부로 스며든 물에 커피의 성분이 녹아드는 현상을 무엇이라 하는가?
    ① 침투   ② 용해   ③ 분리   ④ 확산

19. 커피 입자에 스며든 물에 녹아들어 있던 커피의 수용성 성분이 커피 입자의 밖으로 나오는 현상을 무엇이라 하는가?
    ① 침투   ② 용해   ③ 분리   ④ 확산

20. 커피 입자 속에 녹아 있던 커피의 수용성 성분은 커피 입자가 새로운 물에 둘러싸이는 순간 안쪽과 바깥쪽의 농도 차이 때문에 농도가 낮은 바깥쪽으로 퍼져 나오게 된다. 이를 무슨 현상이라고 하는가?
    ① 침투   ② 용해   ③ 분리   ④ 확산

정답 1. ④ 2. ④ 3. ③ 4. ① 5. ② 6. ② 7. ③ 8. ④ 9. ① 10. ④
11. ① 12. ④ 13. ④ 14. ③ 15. ① 16. ② 17. ① 18. ② 19. ③ 20. ④

Chapter 1. 커피 개론_커피 일반 지식

커피 구입 및 보관 기술

◉ 그린커피와 원두를 구매할 시 커피 라벨(Label)을 읽고 이해할 수 있다.
◉ 원두를 구입한 후 신선도 유지를 위한 보관 요령을 이해하고
보관 상태에 따른 커피 맛과 향을 비교할 수 있다.

1 커피 구입 요령

 그린커피를 구입해서 로스팅하는 경우 신선한 그린커피를 구분하고 보관하는 방법, 원두 구입 후 신선도 유지를 위한 보관 요령을 이해하고 보관 상태에 따른 커피 맛과 향을 비교할 수 있어야 한다.

2 커피 구입 시 확인해야 할 것

1) 그린커피 구매

(1) 시각 : 대부분 신선한 그린커피 색상은 청록색을 지니고 있으며 시간이 지날수록 노란색으로 변한다. 그러나 가공 또는 특이한 건조법을 이용할 경우는 예외일 수도 있다. 그린커피의 크기는 각 나라의 기후나 고도에 따라 다를 수 있다. 크기로 등급을 정하는 나라일 경우 그린커피의 크기를 꼭 확인해야 하고, 커피의 맛에 안 좋은 영향을 끼치는 결점두도 체크해야 한다.

(2) 후각 : 신선한 그린커피에서는 풀 향, 건초 향, 곡물 향이 나며 오래된 그린커피에서는 먼지 향과 묵은 향이 난다.

(3) 촉각 : 수분의 정도와 밀도로 그린커피를 판단하는 방법이다. 수분 함량은 수확 연수에 따라 달라진다.

2) 원두의 구매

(1) 생산 국가별 등급 확인 : 원두의 크기, 재배 고도, 결점두의 양 등 각 나라마다, 재배방법에 따라 등급을 정하는 기준이 다르므로 주의 깊게 보고 판단해야 한다.

Kenya(케냐) : AA, AB

Guatemala(과테말라) : SHB, HB

Colombia(콜롬비아) : Supremo(수프레모), Excelso(엑셀소)

Ethiopia Washed(에티오피아 워시드) : G1~G8

(2) 커피의 유통기한과 볶은 날짜 : 시중에 판매하는 원두는 제조연월일이나 유통기한을 표기하고 있다. 커피는 볶는 순간부터 향과 맛이 소실되기 때문에 볶은 날짜의 확인이 중요하다.

(3) 볶음도 : 개인의 기호와 커피 메뉴에 맞는 볶음도를 선택한다.

(4) 커피 상태 : 원두커피를 구매해서 마시기 직전에 분쇄하는 것이 가장 신선한 커피를 마시는 방법이지만, 그렇지 못할 경우는 소량 구매 후 빠르게 소비하는 것이 좋다.

(5) 생산지 : 나라마다 재배되는 품종, 기후, 고도, 가공 방식 등에 따라 커피 맛의 차이가 있으므로 개인의 기호에 맞게 원두를 선택한다.

(6) 블렌딩 커피 : 두 가지 이상의 커피를 혼합하여 새로운 맛과 향을 창조하는 것으로 개인의 기호에 따라 선택한다.

3 커피의 보관

1) 그린커피 보관의 중요성

 그린커피는 보관 장소 및 주변 환경에 따라서 맛과 향이 쉽게 변질될 수 있으며 보관 중 발생할 수 있는 독성 물질은 건강에 큰 해를 끼칠 수 있다. 이는 그린커피의 가격을 책정하는 데 직접적인 영향을 미치기도 한다. 커피시장의 수요와 공급의 균형을 맞추기 위해 오랜 기간 동안 그린커피를 저장하는 경우 커피의 질에 영향을 미칠 수 있다. 따라서 저장 조건을 잘 맞추는 것은 무엇보다 중요한 일이다.

2) 그린커피 보관에 영향을 미치는 요인

 (1) 발아력 : 그린커피의 생명력은 그린커피 자체의 컨디션뿐만 아니라 보관 환경에 의해서도 많이 좌우된다. 씨앗은 일정 기간 동안은 발아력을 가지고 있고 수확이나 가공 과정 중 타격을 입어 발아력이 단축될 수 있다. 로부스타는 아라비카에 비해 발아 가능 기간이 짧은 편이다. 총 15%~18% 수분함량을 가진 파치먼트나 커피체리는 10~19℃ 온도와 상대습도 33~35%의 적절한 환경을 유지시켜준다면 발아력을 5개월 이상 연장시킬 수 있다.

 (2) 수분함량과 상대습도 : 그린커피는 환경과 수분함량을 맞추려는 성질이 있다. 아라비카는 12%, 로부스타는 13%가 이상적이나 9%보다 더 낮은 수분을 함유할 경우 색깔, 향미, 균형감에 부적절한 영향을 미친다. 반대로 15~16%의 수분함량을 보유한 그

린커피라면 상대습도 75%의 환경 속에 처해 있다고 할 수 있다. 이때 곰팡이 번식이 쉬우므로 상대습도를 60% 미만으로 낮추는 것이 중요하다.

(3) 온도 : 커피의 신진대사와 호흡을 줄여 품질의 상태를 보존하려면 온도를 낮춰줘야 한다. 보통 장기간 저장을 위해서는 평균 20~35℃를 유지하는 것이 좋다. 최상의 상태를 유지하기 위해서는 20℃ 이하의 온도를 유지시켜야 한다.

(4) 공기 환기 : 환기를 시키지 않으면 저장하는 동안 산소분자가 많아져 그린커피의 호흡을 가속화시킨다. 산소를 줄이고 이산화탄소를 증가시킬 수 있도록 공기를 자주 환기 시키는 것이 중요하다.

(5) 고도 : 600m 고도에서는 3개월간 보관할 수 있는 반면 1,400m 고도에서는 8개월간 보관이 가능하다.

(6) 저장 기간 : 일상적인 상온에서 그린커피를 저장한다면 1년 정도가 적정하다. 1년을 넘기게 되면 품질에 영향을 미치게 된다. 수확해서 6개월 기간까지는 커런트크롭, 1년 미만까지는 뉴크롭, 1년이 지나고 2년까지는 패스트크롭, 2년 이상이 지나면 올드크롭으로 구분 짓는다.

3) 보관 방법

(1) 포대 : 일반적으로 사용하는 방법이다. 황마나 삼베 재질의 포대가 가장 흔하며 포장 단위는 60kg, 69kg 등이 있다. 에티오피아와 브라질은 60kg, 코스타리카와 과테말라는 69kg, 콜롬비아는 70kg이다. 최근에는 마대포장의 단점을 보완한 특수 비닐포장으로 그레인프로백을 많이 사용하고 있다.

(2) 사일로(Silos) : 그린커피를 대단위로 저장하기 위한 밀폐 형식의 포장 시스템이다. 자동 환기 설비와 이동 통로가 연결되어 있어 공기환기, 초기 수분함량, 상대습도와 온도에 민감하게 반응한다.

(3) 컨테이너(Containers) : 컨테이너는 저장 기능보다는 대량의 그린커피를 15일 이상 운송하는 역할을 한다. 통풍이 안되기 때문에 신선함을 유지시키기 위해서는 30일을 넘기지 말아야 한다.

(4) 항온항습 저장 : 공기 중의 가스와 온도, 상대습도를 조절하는 방법으로 산소는 그린커피의 신진대사를 연소시켜 줄여주고 이산화탄소는 그린커피의 호흡활동을 줄어들게 조절한다. 이를 위해 냉장과 통풍, 습도를 이용한다.

4) 원두커피(Roasted coffee) 보관의 중요성
모든 식품은 저장조건에 따라, 혹은 일정 시간이 지나면서 산패가 진행된다.

5) 원두커피의 산패요인

(1) 산소 : 외부의 산소가 커피 조직 내부로 침투하여 커피를 산화시키게 된다. 따라서 아주 적은 양의 산소만 존재해도 커피는 쉽게 변질된다.

(2) 수분 : 그린커피를 볶을 때 커피 조직의 다공질의 구조가 커지므로 외부의 수분을 잘 흡수하게 된다. 습도가 높아질수록 산패 속도가 빨라진다.

(3) 보관 온도 : 온도가 10℃ 상승 시 2~3배씩 향기 성분 소실 및 변질이 이루어진다.

(4) **시간** : 보관을 잘해도 보관 기간이 길어지면 변화는 막을 수 없다.

(5) **빛**(자외선) : 커피 속의 커피 분자가 빛에 의해 활발하게 움직이면서 변질이 빨라진다.

(6) **볶음도** : 커피를 강하게 볶을수록 조직의 다공질 구조는 더욱 커진다. 공기와의 접촉이 더욱 용이해지므로 변질은 더욱 쉬워진다. 또한 강볶음이면 세포벽의 파괴로 탄산가스의 방출이 빠르게 된다. 커피 속에서 베어 나온 오일이 급격히 산화가 되므로 약볶음에 비해 강볶음된 커피의 산패가 더욱 가속화된다.

(7) **분쇄도** : 커피를 가늘게 분쇄하게 되면 산소와 접촉하는 입자수와 표면적이 늘어나서 산패 속도가 빨라진다.

6) 오감을 이용한 원두커피의 신선도 판별

(1) **시각** : 볶은 날짜를 살펴보고 유통기한과 신선도를 확인한다. 뜨거운 물을 부었을 때 찐빵처럼 부풀어 오르는지를 확인한다.

(2) **후각** : 신선한 커피의 향기를 기억한다. 구수하고 화려하게 발산하는 향, 상큼한 향이 좋은 커피이다.

(3) **미각** : 마시면서 불쾌한 쩐 내, 담배 냄새가 난다면 신선하지 않은 것이다.

(4) **통각** : 산패된 커피를 마실 때 혀에 느껴지는 자극이다. 마신 뒤 복통, 피부 트러블을 일으킬 수 있다.

7) 원두커피의 보관 요령

(1) **단기 보관** : 볶은 커피의 포장지 개봉 전 신선도 유지기간은 약 1개월, 개봉 후 신선도 유지기간은 약 1~2주 정도이다. 밀폐 포장된 커피를 소량씩 구입 후 실온에 보관하는 것이 좋다.

(2) **장기 보관** : 2주 이상 장기 보관이 필요하다면 밀폐용기에 넣어 냉장(약5℃) 보관하고 양이 많은 경우라면 소분하여 밀폐용기에 담아 냉동 보관한다. 단, 냉동실에서 꺼낸 원두는 실온과 같아진 후에 사용하도록 한다.

(3) **분쇄커피 보관** : 볶은 커피를 분쇄하면 방향 성분들은 쉽게 사라지고, 산패되기 쉬운 상태가 되므로 질소치환충전 포장을 하거나 공기를 뺀 진공포장을 한다. 기본적으로 분쇄는 추출 직전에 하는 것이 좋다.

8) 커피 보관 방법의 선택

(1) **질소충전 포장** : 커피 포장 시 불활성 기체인 질소로 치환하여 포장 용기 내 잔존 산소량을 1g 이하로 낮추는 기술이다.

(2) **원웨이(One way) 밸브 포장** : 가스가 투과하지 못하는 복합 필름의 포장지에 가스 및 공기가 안에서 밖으로 나가는 원웨이 밸브를 부착하여 사용한다.

(3) **탈산소 진공포장** : 분쇄 커피의 포장에 많이 사용하는 방식으로 벽돌 같은 모양을 하고 있다. 포장 내부의 산소를 빼내 제거함으로써 보관 기간을 늘리는 방법이며 내부 공기를 얼마나 완벽하게 빼내고 외부 공기의 유입을 차단하는 게 중요하다.

| 질소충전 포장 | 원웨이 밸브 포장 | 탈산소 진공포장 |

9) 추출 커피의 보관

갓 추출된 커피는 휘발성 유기물질이 풍부하여 맛과 향이 좋으나 지속적으로 가열하면 격렬한 분자 반응이 일어나 기체 성분으로 증발하고 향기와 맛도 변하므로 추출 후 커피는 빨리 음용하는 것이 좋다.

10) 추출 커피의 보관상 유의 사항

(1) 재가열은 향미에 변화를 일으키므로 좋지 않다.
(2) 커피메이커로 추출 후 보온판 위에 오래 두지 않는다.

 **기본 실습**

1) 그린커피의 시각적인 구분(등급별, 수확시기별)

준비물

등급별 그린커피 예)케냐AA, 케냐C 또는 에디오피아 G2, G4,
뉴크롭 그린커피와 패스트크롭 그린커피

구분	등급별		수확시기별	
	높은 등급	낮은 등급	뉴크롭	패스트크롭
시각				
후각				
촉각				

Tip. 등급별 시각적인 구분 실습을 위해 그린커피 준비 시 유의사항
근사한 등급의 차이는 시각적 구분이 어렵다. 실험을 위해서는 등급이 뚜렷이 구분되는 종류를 준비한다. 예를 들어 케냐의 경우, 시각적으로 AA 와 AB 등급의 차이를 구분하기 어렵다. 따라서 확연히 차이나는 AA와 C 등급으로 준비하여야 그 차이를 확인하기 쉽다.

2) 원두커피의 등급별 비교

준비물

커머셜 원두, 스페셜 원두(같은 종), 클레버드리퍼, 종이필터,
커피포트, 온도계, 계량스푼, 초시계, 커피 그라인더

추출 조건

로스팅 : 중볶음
분쇄도 : 0.3~0.5mm
커피 양 : 9g

물 온도 : 90℃
물 양 : 150ml
추출 시간 : 3분

① 클레버드리퍼에 종이필터를 장착하고 저울 위에 올린 후, 스페셜 원두(나 커머셜 원두)를 각각 9g을 담고 영점을 잡는다.
② 클레버드리퍼에 90℃ 물 150ml를 커피가 다 적셔지게 붓는다.
③ 클레버드리퍼를 흔들어 커피를 교반한 후 180초를 기다린다.
④ 클레버드리퍼를 서버 위에 올려놓고 커피 추출액이 모두 내려올 때까지 기다린다.
⑤ 각각의 향미를 비교한다.

향미	커머셜	
	스페셜	
	기타	

3) 원두 보관 방법에 따른 신선도 비교

준비물

신선한 원두(볶은 뒤 일주일 이내), 오래된 원두(볶은 뒤 3개월 이상), 클레버드리퍼, 종이필터, 커피포트, 온도계, 계량스푼, 초시계, 그라인더

추출 조건

로스팅 : 중볶음
커피 양 : 9g
분쇄도 : 0.3~0.5mm

물 온도 : 90℃
물의 양 : 150ml
추출 시간 : 3분

신선한 원두   오래된 원두

① 클레버드리퍼에 종이필터를 장착하고 저울 위에 올린 후, 신선한 원두(나 오래된 원두)를 각각 9g을 담고 영점을 잡는다.
② 클레버드리퍼에 90℃ 물 150ml를 커피가 다 적셔지게 붓는다.
③ 클레버드리퍼를 흔들어 커피를 교반한 후 180초를 기다린다.
④ 클레버드리퍼를 서버 위에 올려놓고 커피추출액이 모두 내려올 때까지 기다린다.
⑤ 각각의 향미를 비교한다.

향미	신선한 원두	
	오래된원두	
	기타	

 강의안

교과명	커피 개론	단원	커피 구입 및 보관 기술	차시	1
교육 목적	▷그린커피와 원두를 구매할 때는 커피 라벨(Label)을 읽고 이해할 수 있다. ▷원두를 구입한 후 신선도 유지를 위한 보관 요령을 이해하고 보관 상태에 따른 커피 맛과 향을 비교할 수 있다.				
수업 자료	1) 그린커피 샘플(등급별, 수확시기별) 2) 포장 샘플(밸브, 진공, 질소포장) 3) 품질별 원두(스페셜 커피, 커머셜 커피) 4) 신선한 원두(볶은 뒤 일주일)와 산패된 원두(볶은 뒤 3개월 이상), 클레버드리퍼, 전기주전자, 종이필터, 온도계, 초시계, 그라인더, 전자저울, 시음 잔, PPT 자료				

학습 단계	수업 내용	교수-학습 활동	지도상의 유의점
도입	▷커피 구입 요령에 관한 사전 평가 ▷수업 내용 목표 제시	1. 커피 구입 요령 • 신선한 커피의 고려 요소들 • 그린커피의 평가 요소들 (그린커피 라벨 읽는 방법에 대한 자료 첨부) • 원두의 평가 요소들(제조일자와 유통기한 설명) 예) Brazil Santos NO.2, Natural(국가, 분류, 가공방법)	▷학습자의 이전 커피 구입 경험에 대한 질의응답 ▷PPT 자료 활용
전개 1	▷그린커피구분 (샘플 관찰 실습 1)	1. 등급별로 그린커피의 크기가 다름을 알아본다. 2. 그린커피의 수확시기별로 색깔의 차이가 있음을 확인한다. (그린커피 수분함량 이해)	▷실제 그린커피 샘플(등급별, 수확시기별 등 대조군)을 준비하여 비교해본다. ▷포장 방법에 따른 샘플을 준비하여 비교해본다. ▷PPT 자료 활용

	▷원두커피 보관 방법	1. 보관의 중요성과 목적을 이해한다. 2. 보관 시 품질에 영향을 주는 요인(산소, 수분, 온도, 시간, 볶음도 등)을 알아본다. 3. 포장재의 조건과 다양한 종류를 이해한다. 4. 포장 방법 : 밸브, 진공, 질소 포장을 알아본다.	
전개 2	▷원두의 품질 비교 실습 2) ▷원두 보관 방법에 따른 신선도 비교 실습 3)	1. 같은 종류의 원두를 품질별로 준비한다. (스페셜 커피, 커머셜 커피) 2. 신선한 원두(볶은 뒤 일주일 내외)와 산패된 원두(볶은 뒤 3개월 이상)를 준비한다.	▷그룹별 실습 및 토의
실습 평가 및 정리	▷요약정리 및 질의응답	1. 보충 설명 • 보관 방법의 활용 방안들 (가정 내에서의 보관 등) • 커피 보관 용기 설명 2. 질문 및 정리, 팀별 평가	

문제

1. 원두의 신선도를 유지하기 위한 포장 방법으로 적당하지 않은 것은?
   ① 밸브포장   ② 진공포장
   ③ 질소가압포장   ④ 산소충전포장

2. 커피의 산패에 대한 설명 중 맞는 것은?
   ① 분쇄된 커피는 홀빈(Whole bean)보다 천천히 산화된다.
   ② 멜라노이딘이 형성되면서 진행되는 과정이다.
   ③ 강볶음(Dark roast) 커피는 약볶음(Light roast) 커피보다 서서히 산화된다.
   ④ 커피가 공기 중의 산소와 결합하여 맛과 향이 변화하는 것을 말한다.

3. 다음 중 커피 보관에 영향을 주는 원인으로 맞는 것은?
   ① 저장 온도가 낮을수록 향기 성분이 빨리 증발한다.
   ② 볶음 커피가 수분을 흡수하면 휘발성 향기 성분의 산화가 촉진된다.
   ③ 볶음 커피는 공기 중의 산소에 의한 영향은 거의 없다.
   ④ 분쇄 커피는 공기와의 접촉 면적이 커져도 산화는 늦어진다.

4. 볶음 커피의 신선도를 저하시키는 요인과 가장 관계가 먼 것은?
   ① 온도   ② 질소   ③ 수분   ④ 산소

5. 볶음 커피 저장 중 수분의 영향에 대한 설명으로 맞는 것은?
   ① 볶음 커피가 수분을 흡수하더라도 맛 성분의 변화가 없다.
   ② 상온에서 저장할 경우 상대습도 50%일 때 3~4일 후부터 산패가 일어난다.
   ③ 볶음 커피에 흡착하는 수분은 커피의 탄산가스를 방출시켜 맛 성분의 산화를 촉진한다.
   ④ 상온에서는 상대습도가 0%이더라도 3~4주 후부터 산패가 일어난다.

문제

6. 볶음 커피의 향미 유지를 위한 보관법 중 맞는 것은?

① 공기와의 접촉을 최소화한다.

② 반드시 냉동 보관한다.

③ 신속한 추출을 위해 볶음 커피는 분쇄된 상태로 보관한다.

④ 보관 장소는 서늘하고 건조하며 햇볕이 잘 들어야 한다.

7. 다음 중 볶음커피의 저장조건에 대한 설명으로 틀린 것은?

① 분쇄한 커피는 공기와 접촉이 크므로 산화가 급격히 진행된다.

② 커피의 저장온도가 10℃ 상승할 때마다 향기 성분은 2.3배씩 빨리 감소한다.

③ 산패의 주원인은 커피의 향기 성분 간의 상호작용과 산소에 의한 산화작용이다.

④ 강볶음(Dark roast) 커피는 약볶음(Light roast) 커피보다 서서히 산화된다.

8. 커피의 품질 변화를 방지하기 위하여 포장 재료가 갖추어야 할 특성이 아닌 것은?

① 보향성(保香性)

② 차광성(遮光性)

③ 방풍성(防風性)

④ 방기성(防氣性)

9. 원두의 저장 중 변질에 관한 설명 가운데 틀린 것은?

① 증발 : 로스팅 중에 생성되었던 향기 성분이 저장 중 증발하여 감소하기 시작한다.

② 반응 : 향기 성분끼리 저장 중 화학적으로 반응하여 향기가 감소한다.

③ 산화 : 공기 중 산소의 산화 작용으로 향기 성분이 변화한다.

④ 흡착 : 공기 중의 질소 성분을 흡착하여 향기 성분이 변화한다.

문제

10. 원두의 향을 보존하기 위한 방법에 대한 설명으로 틀린 것은?

   ① 항상 커피를 밀봉하며, 진공 용기에 넣거나 어둡고 서늘한 곳에 보관한다.
   ② 냉동 보관할 때는 커피 표면의 오일의 신선함을 위해 포장을 뜯어서 보관한다.
   ③ 냉장보관은 커피원두가 다른 냄새를 잘 흡수하기 때문에 피해야 한다.
   ④ 신선한 커피를 즐기려면 커피를 추출하기 직전에 분쇄하는 것이 좋다.

정답 1. ④ 2. ④ 3. ② 4. ② 5. ④ 6. ① 7. ④ 8. ③ 9. ④ 10. ②

Chapter 2

향미 체험

✚ 로스팅
✚ 다양한 커피 향과 맛 체험

로스팅

- 로스팅에 대한 원리와 방법을 이해하고 말할 수 있다.
- 로스팅 정도에 따른 향미의 차이를 이해하고 말할 수 있다.

1 로스팅의 정의 및 원리

그린커피에 열을 가하면 세포조직이 파괴되면서 그 안에 있던 여러 가지 성분들이 밖으로 방출되어 맛과 향이 나게 된다. 로스팅이란 원두 조직을 팽창시킴으로써 원두가 지니고 있는 맛과 향을 표현하는 것이며, 그린커피의 특성을 잘 이해하고 있어야 원하는 포인트에 맞게 로스팅을 할 수 있다. 로스팅 과정은 건조 단계(Drying phase), 열분해 단계(Roasting phase), 냉각 단계(Cooling phase)를 거치게 된다.

1) 건조 단계

로스팅의 초기 단계로 커피콩 내부의 수분이 열을 흡수하면서 증발하여 수분함량이 70~90%까지 소실된다. 이와 같은 흡열 반응(Endothermic)은 원두의 내·외부 조직에 열 침투가 이루어지는 1차 크랙 전까지 진행된다. 건조 단계에서 커피콩의 색상은 밝은 녹색(Brighter green)에서 황록색(Yellow green)으로 바뀌고, 향은 생콩내(Green)에서 풋내(Peasy)를 거쳐 빵냄새(Bread-like)와 같은 곡물 향으로 바뀌게 된다.

2) 열분해 단계

실질적인 로스팅 단계로 두 번의 크랙이 발생하며 콩의 부피는 증가하고 무게는 감소하며 조직은 부서지기 쉬운 상태로 바뀐다. 또한 캐러멜화(Caramelization)에 의해 색깔은 점차 짙은 갈색으로 바뀌게 되며 CO_2와 휘발성 산(Volatile acid)이 생성된다. 발열 반응(Exthermic)은 1차 크랙이 일어나는 시점으로 원두 내부의 조직이 팽창하면서 열을 방출

시키는 단계로 2차 크랙으로 진행하면서 발열은 증가하며 오일, CO_2도 점점 많이 발생된다.

(1) 1차 크랙(1st crack)

1차 크랙은 커피콩 세포 내부의 수분이 기화하면서 엄청난 압력을 발생시키고, 또한 탄수화물이 산화되면서 많은 양의 CO_2가 발생한다. 이로 인해 커피콩의 가장 약한 부분이 벌어지면서 크랙 소리가 나게 된다.

(2) 로스팅 시작(Roasting initiation)

커피콩의 수분함량에 따라 부피가 50~60% 정도 팽창하며, 이때 은피(Silver skin)가 분리된다. 세포 내의 화합물은 열분해를 통해 수용성 다당류를 생성하며, 반응이 지속되면 다당류가 캐러멜로 바뀌는 캐러멜화가 일어난다. 이는 커피 향기의 질을 결정하는 주요한 요인이다. 커피콩의 색깔은 옅은 노란색(Pale yellow)에서 황갈색(Yellow brown)을 거쳐 갈색(Medium brown)으로 바뀌게 된다.

(3) 휴지기(Phase)

크랙 소리가 들리지 않아도 반응은 지속적으로 일어나고 있다. 1차 크랙과 2차 크랙 사이에서 열역학(Thermodynamics)의 변화가 일어나 발열 반응(Exothermic)에서 다시 흡열 반응(Endothermic)으로 바뀌게 된다.

(4) 2차 크랙(2nd crack)

세포 내의 수분 증발로 콩의 목질 조직(Woody structure)이 파괴되면서 두 번째 크랙이 생성되고 발열 반응으로 다시 바뀌게 된다. 색깔은 갈색(Brown)에서 진한 갈색(Dark brown)으로 바뀌게 된다. 2차 크랙 이후 커피콩의 부피는 80~90%까지 팽창한다.

3) 냉각 단계

　냉각 단계에서는 커피콩 내부의 열에 의해 원하는 로스팅 포인트보다 더 진행되는 것을 방지하기 위하여 로스팅이 끝나는 즉시 내부 온도를 100℃ 이하로 낮춘다. 이때 찬 공기를 순환시키거나 물을 분사시켜(Water quenching) 냉각하게 된다. 물은 공기보다 냉각 효과가 더 좋으나 커피에 흡수되므로 사용량에 주의하여야 한다.

2 볶음도에 따른 분류 및 향미 특성

로스팅 단계인 볶음도는 명칭 및 정의가 국가와 지역마다 일정치 않다. 미국의 경우에도 지역에 따라 조금씩 다른데, 일본과 SCAA는 각각 다른 8단계를 사용한다. 다음 표는 미국, SCAA, 일본의 로스팅 단계 분류이며, 명칭이 단계별로 명확하지 않고 일부 중복되어 있다. 볶음도에 따른 향미의 특성과 지역의 표준 정도를 알 수 있다.

【표 1】볶음도에 따른 향미의 특성과 지역마다의 표준 로스팅 기준

명칭			색깔	Agtron	신맛	바디	향기	단맛	특성
미국	SCAA	일본							
Cinnamon	Extremely Light	Light	매우 연한 갈색 (Very light brown)	95~90 (#95)	***	*	**	*	신맛, 곡물맛 팽창 매우 부족
			1차 크랙						
New England Cinnamon	Very Light	Cinna-mon	연한 갈색 (Light brown)	90~80 (#85)	***	*	**	*	팽창 부족 강한 신맛 품종의 특성이 나타나기 시작함
Light New England	Light	Medium	다소 연한 갈색 (Moderately light brown)	80~70 (#75) **75~65 약**	****	**	***	*	강한 신맛, 단맛(추출이 잘 이루어지면) 바디가 조금씩 나타남 최소한의 아로마

American Medium	Medium Light	High	약한 중간 갈색 (Light medium brown)	70~60 (#65)	***	***	***	**	산뜻한 신맛, 달콤함 다양한 개성 미국 동부지역의 전통적 표준
Medium Medium-high City American	Medium	City	중간 갈색 (Medium brown)	60~50 (#55) 65~55 중	***	***	****	**	품종의 특성은 아직 뚜렷함 조화된 신맛 풍부한 바디 미국 서부 지역의 전통적 표준
2차 크랙									
Viennese Full-city Light French	Moderately Dark	Full City	중간 진한 갈색(Medium dark brown)	50~45 (#45) 55~45 강	**	****	****	***	신맛이 약해짐 거친 무거운 바디 표면 기름 미국 북서부 지역의 전통적 표준
Espresso European High	-	-	다소 진한 갈색 (Moderately dark brown)	45~40	*	****	***	****	이태리 북부 지역 에스프레소의 표준
French Italian	Dark	French	짙은 갈색 (Dark brown)	40~35 (#35)	-	***	**	***	쓴 단맛, 약한 탄맛, 신맛과 다양한 특성이 사라짐 표면 반짝거림 미국식 에스프레소의 전통적 표준
Italian Dark French	-	-	매우 짙은 갈색 (Very dark brown)	35~30	-	**	**	**	뚜렷한 탄맛 표면은 오일로 반짝거림
Spanish Dark French	Very Dark	Italian	검은색 (Very black)	30~25 (#25)	-	*	*	*	강한 쓴맛과 탄맛 약한 바디 원산지 특성이 소멸

✚ * 매우 약함. ** 구별 가능함. *** 분명하고 풍부함. **** 최대치

✚ 본 교재에서 사용하는 로스팅 정도 약·중·강 표시

✚ 출처 : 유대준 커피인사이드 p144, 146 (Home Coffee Roasting, Kenneth Davids), 커피투데이 로스트마스터

3 로스팅의 물리적 · 화학적 변화

1) 물리적 변화

(1) 색상

처음에는 녹색인 색깔이 점차 노란색이 되며, 1차 크랙이 다가오면 계피색(Cinnamon)으로 바뀌게 되고 크랙이 발생하면서 옅은 갈색(Light brown)이 된다. 열이 계속 가해지면 갈색(Medium brown)에서 짙은 갈색(Dark brown)으로 바뀌며 최종적으로 검은색(Black)이 된다. 이런 색깔의 변화로 로스팅 정도를 파악할 수 있다.

(2) 부피

커피콩의 수분은 열을 흡수하여 기체 상태가 되면서 세포 내 압력을 증가시키며, 로스팅 중반 이후부터는 이산화탄소가 다량 생성되어 내부 가스 압력에 의하여 부피가 늘어난다. 1차 크랙 이후 그린커피에 비해 50~60% 정도 커지며, 2차 크랙이 일어나면 최대 100%까지 커진다.

(3) 무게

그린커피는 로스팅 시간이 길어질수록 중량도 줄어들며 1차 크랙 시점에서 15~17%, 2차 크랙 이후 18~23% 정도가 감소한다. 수분 증발에 의해 84~85%가 줄어들며 주로 로스팅 전반에 이루어지고, 나머지는 후반에 커피 성분의 산화, 분해로 휘발성 높은 물질이나 탄산가스로 바뀌어 방출되거나 채프(Chaff : 콩의 껍질, 은피 등)에 의한 것이다.

2) 화학적 변화

【표 2】 그린커피와 원두의 일반 성분

(무수물 중, %)

성분	아라비카		로부스타	
	그린커피	원두	그린커피	원두
다당류 Total poly-saccharide	50.0~55.0	24.0~39.0	37.0~47.0	-
소당류 Oligo-saccharide	6.0~8.0	0~3.5	5.0~7.0	0~3.5
지질 Lipid	12.0~18.0	14.5~20.0	9.0~13.0	11.0~16.0
유리당 Free sugar	2.0	0	2.0	0
단백질 Protein	11.0~13.0	13.0~15.0	11.0~13.0	13.0~15.0
클로로겐산 Total chlorogenic acid	5.5~8.0	1.2~2.32	7.0~10.0	3.9~4.6
카페인 Caffeine	0.9~1.2	~1.0	1.6~4.0	~2.0
트리고넬린 Trigonelline	1.0~1.2	0.5~1.0	0.6~0.75	0.3~0.6
지방산 Aliphatic fatty acid	1.5~2.0	1.0~1.5	1.5~2.0	1.0~1.5
미네랄 minerals	3.0~4.2	3.5~4.5	4.0~4.5	4.6~5.6
휴민산[4] humic acid	-	16.0~17.0	-	16.0~17.0

✚ 출처: 광문사 커피학 111p. 표 4-3

[4] 토양 석탄 중에 존재하는 무정형(無定形) 산성 유기질(by YBM Dictionary)

Chapter 2. 향미 체험_로스팅

(1) 카페인(Caffeine)

열에 매우 안정적이며 로스팅 중에는 아주 극소량만 감소한다. 커피 쓴맛의 10% 정도이며 아라비카에 비해 로부스타에 더 많다. 씨앗뿐만 아니라 잎에도 소량 함유되어 있다.

(2) 트리고넬린(Trogonelline)

열에 불안정하여 로스팅이 진행되면 급격히 감소한다. 로스팅 정도에 비례하여 180℃에서는 60% 정도, 230℃에서는 85% 정도 감소한다. 트리고넬린의 열분해로 인해 생성되는 피리딘(pyridine)과 같은 분해물질은 커피의 향미에 기여한다. 아라비카가 다른 품종보다 비교적 많이 함유되어 있다.

(3) 단백질과 아미노산(Protein, Amino Acid)

단백질은 원두의 향기 형성에 중요한 성분이다. 유리아미노산은 로스팅에 의해 급속히 소실되며 주로 당과 반응하여 멜라노이딘(Melanoidine) 및 향기 성분으로 변화한다.

(4) 탄수화물(Carbohydrate)

탄수화물은 광합성으로 만들어지는 녹말(포도당의 결합체)과 여러 단당류, 이당류, 다당류 등을 포함한 성분으로 구성된다. 그중 유리당류는 원두의 갈색이나 향의 형성에 큰 영향을 미친다. 그린커피에는 유리당류 중 흔히 설탕으로 불리는 자당(Sucrose)이 가장 많은데 아라비카 6~8%, 로부스타 1~5% 정도 포함되어 있다. 유리당류는 로스팅 후 거의 소실된다. 다당류(Polysaccharide)는 불용성 성분으로 세포벽의 주성분인 섬유소, 헤미셀룰로오스(Hemicelluose) 등이다.

(5) 지질(Lipid)

그린커피의 지질은 아라비카에는 평균 15%, 로부스타에는 평균 10% 정도 함유되어 있다. 지질의 종류와 구성 성분은 다양하며 그린커피 부위에 따라 지질 조성이 다르다. 강하게 로스팅할 경우, 지질이 콩 표면으로 쉽게 이동하여 산패되기 쉽다.

4 그린커피의 결점두 종류

결점두(Defect bean)는 결함이 있는 그린커피로서 발생 원인은 수확 과정이나 가공 과정, 즉 발효, 건조, 탈곡, 보관 과정 등 전 과정에서 발생하게 된다. 결점두의 종류와 명칭은 국가나 지역, 단체 등에 따라 다르며 맛에 부정적인 영향을 미치므로 로스팅 전에 선별하여야 한다.

【표 3】 결점두의 종류와 특성 및 발생 원인

종류	특성	발생 원인
Black bean	표면이 검은색	흙에서 주운 너무 익은 과숙 체리
Sour bean	발효된 콩	너무 익은 체리, 땅에 떨어진 체리, 정제 과정에서 오염된 물 사용, 과잉 발효
Dried Cherry/Pods	마른 체리 상태	수세식 – 과육이 제거되지 않은 체리 자연 건조식 – 잘못된 탈곡이나 분류
Fungus Damaged	곰팡이에 의한 노란색, 적갈색	곰팡이 발생
Foreign matter	돌, 나무 등 모든 이물질	수확 과정이나 선별 과정에서 제거 안 됨
Parchment	파치먼트로 쌓인 콩	불완전한 탈곡
Insect Damage	해충으로 인한 구멍	체리에 해충이 파고 들어가 알을 낳은 경우, 해충이 파먹음
Broken Chipped/Cut	깨진 콩, 콩 조각	과육 제거, 선별, 탈곡 과정에서 잘못 조정된 장비, 과도한 마찰력
Floater	물에 뜨는 콩	부적절한 보관이나 건조

✚ 출처: 송주빈 커피사이언스 51p

5 로스팅 머신

1) 직화식

구멍이 뚫린 원통형의 드럼이 장착된 형태로 열이 드럼의 구멍을 통해 커피에 직접 전달된다. 로스팅이 비교적 까다롭기 때문에 열풍식이나 반 열풍식에 비해 일정한 맛의 유지가 어렵다.

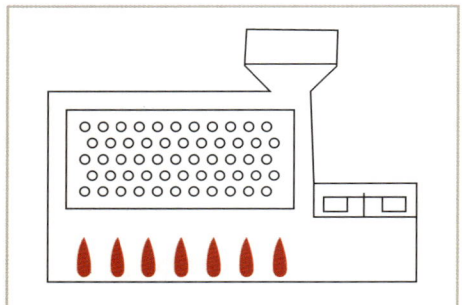

2) 반 열풍식

가장 보편적인 형태로 드럼의 후면부에 구멍을 뚫어 고온의 열풍이 드럼 내부를 지나간다. 화력으로 드럼이 가열되면 드럼 표면에 발생하는 열전도와 열풍이 드럼 뒤쪽에서 내부로 전달되는 대류에 의해 로스팅되는 방식이다. 콩에 열이 간접적으로 전달되므로 직화식에 비하여 로스팅이 균일하다.

3) 열풍식

가열한 고온의 공기를 드럼 내부로 보내 로스팅하는 방식으로 생산 효율이 높아 주로 대형 사업장에서 사용되고 있다. 순환열풍이 원두를 유동화하여 균일하고 단시간에 로스팅할 수 있다. 급속 로스팅은 팽창이 잘 되어 직화형 로스팅에 비하여 원두의 비중이 낮아져 동일한 볶음도에서 커피의 가용성 고형 성분 함유량이 늘어난다. 반면 팽창이 잘 되어 향미의 손실도 빠를 수 있다.

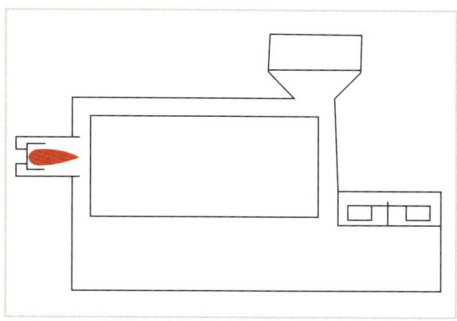

6 로스팅 실전

목표 : 1. 그린커피의 결점두를 알고 선별할 수 있다.
2. 원하는 향미에 적합한 그린커피를 선택하여 적정 볶음도까지 로스팅을 할 수 있다.

① **기기 점검** : 가스, 사이클론, 로스터 각부, 연통 순으로 로스팅 전 기기를 점검한다.
② **예열** : 점화 스위치를 켜서 드럼을 가열한다. 온도가 상승하여 투입 온도에 도달하였더라도 드럼 내부는 충분히 가열되지 않으므로 예열을 해준다. 초기부터 높은 열로 너무 짧은 시간에 예열하면 로스팅 머신에 손상을 입힐 수 있으므로 낮은 온도부터 시작하여 강한 불로 서서히 단계별로 올려 볶음도에 따라 20~50분 정도 한다.
③ **로스팅 설계** : 볶을 콩을 결정한다. 그린커피 상태와 원하는 향미를 고려하여 콩의 무게, 로스팅 시간 및 온도를 결정한다.
④ **온습도 점검**
⑤ **열량 결정** : 외부 온도에 따라 로스팅 시간이 달라지므로 가스압을 조절한다.
⑥ **전처리** : 그린커피에 결점두나 이물질들이 소량만 섞여 있어도 커피 맛에 안 좋은 영향을 끼치기 때문에 핸드 픽(Hand-pick)을 하여 골라낸다.
⑦ **투입** : 콩을 호퍼에 올리고 예정 온도에 다다르면 호퍼 개폐구를 열어 드럼으로 투입한다.
⑧ **열량, 타이머, 공기량** : 차례로 조절, 작동한 후 호퍼 개폐구를 닫는다.

⑨ **일지 기록** : 소리, 색깔, 냄새 등을 관찰하고 콩의 마찰음이 약해지면 은피의 상태를 중심으로 수분 증발 포인트를 가늠하고 기록한다. 저점 온도와 시간을 기록한다.

⑩ **공기 흐름 조절** : 연기가 밖으로 새어나오지 않을 정도로 실온 온도에 따라 공기 흐름을 조절한다. 소리와 확인봉(Sampler)를 통하여 드럼 내부의 상태를 수시로 점검한다. 냄새를 맡을 때는 확인봉을 뺀 후 한 템포 늦게 맡는다. 드럼 내부의 공기 흐름을 살펴 댐퍼를 조절한다. 크래킹이 시작되면 시간과 온도를 확인하면서 공기의 흐름을 10% 정도 빠르게 조절한다.

⑪ **온도 변화와 배출 포인트 결정** : 크래킹 시점부터 10도 진행된 온도를 계산하여 미디엄 라이트 포인트를 예상하고 온도 상승 속도를 체크하고 열량을 적절히 조절한다. 두 번째 크래킹 후, 2℃ 정도 진행되면 에스프레소용으로 적당하다.

⑫ **냉각** : 배출한 콩은 충분히 냉각시킨다.

⑬ **커핑** : 볶은 콩의 무게를 재서 수율을 계산하고 커핑한다.

7 수망 로스팅

1) 집에서 로스팅하기 : 본인의 취향에 맞추어 직접 커피를 로스팅하여 즐길 수 있는 방법이다. (준비물 : 수망 체망이나 도기 로스터, 그린커피, 저울, 브루스터)

1	결점두 골라내기		로스팅할 그린커피를 선택한 후 결점두를 골라낸다.
2	그린커피의 중량 측정		로스팅할 그린커피의 중량을 계량한다.
3	로스팅 시작 (그린커피 가열하기)		로스팅 시작과 동시에 완료될 때까지 쉬지 않고 흔들어 콩을 잘 섞어주어야 콩이 타지 않고 골고루 열이 전달되어 고른 로스팅이 된다. 화력은 중간불로 조절하고 타지 않도록 10~20cm 정도의 높이에서 한다. 도기 로스터는 손잡이가 뜨거워지므로 두꺼운 장갑을 착용해야 한다.
4	로스팅 진행 (수분 날리기)		시간이 지나면서 콩의 색이 노란색을 띠며 은피가 날리고 향이 나기 시작한다.
5	로스팅 완성 (빨리 냉각시킬 것)		색깔이 진해지며 1차 크랙이 일어난다. 원하는 볶음도에 도달되면 불을 끄고 빨리 냉각시킨다. 선풍기의 냉풍을 이용하여 완전히 식혀준다.

2) 결과 확인 : 색깔이 전체적으로 균일한지, 팽창이 얼마나 되었는지를 살펴본다. 원두의 색깔 차이가 많이 나면 열이 골고루 전달되지 못했기 때문이다. 이때 팽창도 고르게 일어나지 못할 것이다.

강의안

교과명	향미 체험	단원	로스팅	차시	2
교육 목적	▷로스팅에 대한 원리와 방법을 이해하고 말할 수 있다. ▷로스팅 정도에 따른 향미의 차이를 이해하고 말할 수 있다.				
수업 자료	볶음도별 원두(약볶음, 중볶음, 강볶음), 클레버드리퍼, 서버, 커피그라인더, 스톱워치, 저울, PPT 자료				

학습 단계	수업 내용	교수-학습 활동	지도상의 유의점
도입	▷로스팅에 대한 선수 지식 파악	1. 로스팅이란? • 로스팅에 대한 생각 나누기 2. 학습 내용 및 목표 제시	▷학습자의 개인 지식 정도 파악 ▷학습자 동기 유발
전개	▷로스팅의 이해	1. 볶음도별 커피 • 볶음도별 커피 외향적 특징 관찰 • 향미 특징 추측해보기	▷학습자가 스스로 체크할 수 있도록 유도 • 질의문답, 노트
		2. 추출 • 볶음도별 추출 후 맛보기 • 향미의 특징과 차이점 찾기	▷실습 후 토의
		3. 로스팅 이론 설명 • 로스팅의 개념 및 원리 • 로스팅 과정 및 방법 • 볶음도와 향미의 관계 설명	▷PPT 자료 활용
		4. 개인 선호도 찾기 • 실습을 통한 선호도 찾기 • 볶음도에 따른 추구한 향미 발표	▷실습 후 발표
실습 평가 및 정리	▷학습 정리	1. 회기 요약정리 및 문제 풀기 2. 다음 회차 안내	▷교재 내 문제 활용 • 학습자 이해도 파악

문제

1. 다음 성분 중 그린커피에 가장 많이 함유되어 있는 것은?
   ① 비타민   ② 지질   ③ 무기질   ④ 탄수화물

2. 다음 중 그린커피의 탄수화물 성분과 관계없는 것은?
   ① 펙틴   ② 전분   ③ 헤미 셀룰로오즈   ④ 폴리페놀

3. 그린커피에 가장 많이 함유되어 있으며 로스팅을 하면 원두를 갈색으로 변하게 하고 향기를 생성하는 성분은?
   ① 섬유질   ② 탄수화물   ③ 회분   ④ 카페인

4. 그린커피에 들어있는 유리당 중 가장 많이 함유되어 있는 것은?
   ① Sucrose   ② Glucose   ③ Fructose   ④ Mannose

5. 다음 중 그린커피를 로스팅하면 가장 많이 감소되는 물질은?
   ① 지질   ② 카페인   ③ 섬유소   ④ 자당

6. 다음 원두의 성분 중 로스팅으로 가장 많이 감소되는 것은?
   ① 지방   ② 카페인   ③ 클로로겐산   ④ 탄산가스

7. 다음 중 향기 성분에 대한 설명으로 맞는 것은?
   ① 향기 성분은 커피의 맛에는 영향을 미치지 않는다.
   ② 향기 성분은 로스팅 방법이나 로스팅 정도와 관련이 있다.
   ③ 원두의 향기 성분은 그린커피의 품종, 재배지 고도와는 밀접한 관련이 없다.
   ④ 풀시티 로스트에서 향기 성분이 생성되어 프렌치로스트나 이탈리안 로스트에 이르면 증가하기 시작한다.

8. 다음 로스팅에 따른 맛 성분의 변화에 대한 설명 중 틀린 것은 ?
   ① 일반적으로 아라비카종은 유기산이 많아 신맛이 강하다.
   ② 맛 성분은 주로 가용성으로 끓는 물에서 약 8~12% 추출된다.
   ③ 일반적으로 로부스타종이 아라비카종보다 쓴맛이 강하다.
   ④ 그린커피의 당분, 유기산, 카페인, 무기질 등의 화학 반응으로 신맛, 단맛, 쓴맛, 떫은맛 등을 생성한다.

9. 다음 커피 성분 중 커피의 쓴맛과 관계가 없는 것은?
   ① 카페인　　② 트리고넬린　　③ 퀸산　　④ 자당

10. 커피의 은피(Silver skin)에 특히 많이 함유되어 있는 성분은 무엇인가?
    ① 클로로겐산　　② 식이 섬유질　　③ 비타민　　④ 단백질

11. 로스팅할 때 열분해 과정에서 나타나는 현상은?
    ① 유리수의 기화　　② 밀도의 상승
    ③ 향미의 생성　　④ 급격한 온도 하락

12. 풀시티(Full-city)이상 로스팅했을 때 원두의 수분함량은 어느 정도인가?
    ① 약 1%　　② 약 5%　　③ 약 7%　　④ 약 9%

13. 다음은 커피의 어떤 성분을 설명한 것인가?

    가. 그린커피 성분 중 0.3%~0.8%로 원두 향기 형성의 중요한 성분
    나. 일부 성분은 쓴맛 성분과 결합해서 갈색 색소 성분으로 변화
    다. 이 성분은 로스팅에 의해 급격히 손실
    라. 당과 반응해서 멜라노이딘 및 향기 성분으로 변화

    ① 다당류　　② 불포화지방산　　③ 유리당　　④ 유리아미노산

문제

14. 다음은 커피를 로스팅할 때 발생하는 현상이다. 괄호 안에 들어갈 내용으로 알맞은 것은?

> 그린커피를 로스팅하면 그린커피가 가지고 있던 수분은 (　)하고, 부피가 (　)하며 무게는 (　)한다. 또한 로스팅이 진행될수록 그린커피의 밀도는 (　)한다.

① 증가-증가-감소-증가　　　　② 감소-감소-증가-감소
③ 감소-증가-감소-감소　　　　④ 증가-감소-증가-증가

15. 다음 커피의 성분들 중 강볶음으로 볶았을 때 가장 많이 줄어드는 성분은?

① 탄수화물　　② 지방　　③ 카페인　　④ 아미노산

16. 커피를 로스팅할 때 일어나는 성분의 화학적 변화에 대한 설명 중 틀린 것은?

① 수분 감소　　② 당분 감소　　③ 클로로겐산 감소　　④ 지방질 감소

17. 다음 커피 성분 중 로부스타종에 비하여 아라비카종에 많은 성분은?

① 카페인　　② 클로로겐산　　③ 지방　　④ 미네랄

18. 다음은 커피에 쓴맛을 부여하는 트리고넬린에 대한 설명이다. 틀린 내용은?

① 카페인의 약 1/4정도의 쓴맛을 나타낸다.
② 트리고넬린은 N-methyl betaine이라고 한다.
③ 로스팅 과정 중에 거의 분해되며 커피에 탄 냄새를 나타낸다.
④ 아라비카종보다 로부스타종에 더 많이 함유되어 있다.

19. 로스팅 진행 과정에 대한 설명 중 틀린 것은?

① 그린커피의 세포벽에 열이 가해져 서서히 수분 증발이 이루어진다.
② 로스팅 초기에 수분이 증발하면서 그린커피 조직이 팽창한다.
③ 원두 내부까지 열전달이 이루어지면 유지 성분이 용해되기 시작한다.
④ 발열반응이 시작되면 원두의 조직은 급격히 팽창한다.

20. 커피를 약볶음으로 볶을 때 수율에 가장 많은 영향을 미치는 요소는?
   ① 배출 온도　　　　　　　　② 로스팅 시간
   ③ 로스터의 가열 방식　　　　④ 그린커피의 함수율

정답　1. ④　2. ④　3. ②　4. ①　5. ④　6. ③　7. ②　8. ②　9. ④　10. ②
　　　　11. ③　12. ①　13. ④　14. ③　15. ①　16. ④　17. ③　18. ④　19. ②　20. ④

다양한 커피 향과 맛 체험

- 물 온도 차이에 따른 향미를 비교한다.
- 추출 시간에 따른 향미를 비교한다.
- 커피 사용량에 따른 향미를 비교한다.
- 아라비카 커피와 로부스타 커피의 향미를 비교한다.
- 대륙별로 커피의 향미를 체험한다.

본 장부터 실습 과정이다. 기본 실습, 응용 실습, 심화 실습으로 구성되어 있다. 기본 실습은 추출을 위한 준비물, 주요 단계별 사진과 설명이며, 응용과 심화 실습에서는 기본 실습 과정을 바탕으로 추출 조건의 다양한 변화에 따라 실습을 진행한다.

1 추출 이론

　추출 커피의 향미는 커피와 물의 교차 조건에 의하여 결정된다. 이 조건에 따라 구체적인 실험을 통하여 원하는 향기와 맛을 추출하는 기술에 접근할 수 있을 것이다.
　커피 추출은 침투-용해-분리 3단계의 과정이다. 침투와 용해는 커피에 물을 붓고 시간이 흐르면 자연히 진행되는 현상이고, 분리 현상은 사람의 행위에 전적으로 영향을 받는다. 분리 과정에서 작용하는 물리적 현상은 표면으로부터 성분의 용해와 함께 확산(평형) 현상으로 설명할 수 있다.
　추출의 일반 이론에 투과식과 침지식의 분류가 있다. 투과식은 물이 커피 층을 통과하면서 추출이 진행되는 형태이고, 침지식은 커피가 물에 잠긴 상태에서 우러나오는 형태이다. 침지식은 안정적인 조건을 만들기가 비교적 쉬워서 투과식보다 재현성이 뛰어나다고 할 수 있다. '프렌치프레스(French press)'라고도 하는 '플런저(Plunger)'가 대표적인 기구이다. 플런저는 추출하고 싶은 액량과 농도를 계산하여 커피의 양을 결정한 다음, 적정 온도와 적정량의 물을 붓고 시간에 맞춰 분리하는 방식이다.
　결론적으로 추출에서 작용하는 실제 조건들, 그 변화의 요소들이 많지는 않다. 고정관념을 버리고 단순히 실험하고 메모하는 것에 따라 새로운 세계를 경험할 수 있다.

[표 1] 도구별 추출 방식

방식	압력	기구
투과식	상압	드리퍼, 커피메이커, 모카마스터
	가압	모카포트, 에스프레소 머신, 프레스, 캡슐머신
침지식	상압	프렌치프레스, 에스프로프레스
	가압	에어로프레스, 사이폰
달임식	-	체즈베, 이브릭

푸어오버 추출이란 상압투과식[5] 추출 모두를 일컫는다. 필터 탑 드리퍼를 이용하는 추출 기술에 있어서 유의해야 할 기술적 요소는 온도와 시간과 추출 액량으로 온도 조절 방법은 이미 많은 연구 결과가 있다. 추출 시간 조절에서의 요점은 드리퍼의 물이 흐르는 구조와 커피의 분쇄 상태를 고려한 물 붓기 요령이다.

에스프레소 추출은 가압투과식[6]으로 분류할 수 있다. 이 방식에서는 매우 작게 분쇄한 커피 층으로 가압한 물이 통과하면서 추출이 진행된다. 방식은 다르지만, 여기에서도 커피 맛은 물의 온도와 시간, 추출 액량에 따라 결정된다. 온도는 기계적으로 또는 흘리는 열수의 양에 의해 조절되고, 시간은 분쇄 커피 층의 저항 조건을 조절하는 것으로 물이 통과해서 지나가는 속도를 조절할 수 있고, 액량은 커피마다 지니고 있는 향미 특성을 고려하여 적정 액량을 결정할 수 있다.

---

[5] 압력을 가하지 않은 1기압 상태에서 물이 커피 층을 통과하면서 추출이 진행되는 형태를 말한다.

[6] 커피 입자가 고우면 물이 커피 층을 자연스럽게 통과하기 어려워지는데, 여기에 압력을 가하여 물이 커피 층을 통과하도록 하는 방식이다.

【표 2】 추출에 영향을 미치는 요소

추출 변수		미치는 영향
커피 상태	로스팅 정도	로스팅 정도에 따라 가지고 있는 향미 특성과 팽창도는 달라진다. 강볶음일수록 많이 팽창되고 약볶음일수록 팽창 정도는 낮다. 팽창도가 높을수록 물의 침투력은 좋아진다.
	로스팅 시간	로스팅 시간에 따라 원두의 향미 발현 정도는 달라진다. 같은 로스팅 정도라도 단시간에 의한 것은 가용성분이 많이 남아있고 세포의 다공질 구조가 크게 형성된다. 반면, 장시간에 의한 것은 가용성분이 적게 남으며 다공질 구조가 작게 형성된다. 다공질 구조가 클수록 물의 침투력은 좋아진다.
	분쇄도	분쇄입자가 클수록 수용성 성분이 녹아 나오기 어렵고 적을수록 수용성 성분이 나오기 쉬워진다. 따라서 로스팅 정도와 로스팅 시간에 따른 조절이 필요하다.
물	온도	물과 만나는 온도가 높을수록 커피의 추출력은 강해진다.
	시간	물과 만나는 시간이 길수록 많은 추출이 일어난다.
	양	물의 양이 많을수록 커피의 추출력은 강해진다. 수용성 성분의 확산 속도는 빨라진다.
	종류 (연수/경수)	50~100ppm의 무기물이 함유된 물이 커피 추출에 가장 적합하다.

2 기본 실습

준비물

원두커피, 클레버드리퍼, 종이필터, 커피포트, 온도계, 계량스푼, 초시계, 행주, 찌꺼기 통

추출 조건

로스팅 : 중볶음
분쇄도 : 0.3~0.5mm
커피 양 : 9g

물 양 : 150ml
물 온도 : 90℃
추출 시간 : 3분

① 클레버드리퍼에 종이필터를 넣는다
② 종이필터를 뜨거운 물로 린스한다.
③ 분쇄한 원두를 클레버드리퍼에 넣고 평평하게 흔들어준다.
④ 뜨거운 물을 붓는다.
⑤ 1분이 지나면 스틱을 이용해 3~4번 정도 저어준다.
⑥ 3분이 지나면 클레버드리퍼를 서버 위에 올려 추출을 종료한다.

3 응용 실습

1) 아라비카와 로부스타 간의 향미 비교

추출 조건

로스팅 : 중볶음
분쇄도 : 0.3~0.5mm
커피 양 : 9g

물 양 : 150ml
물 온도 : 90℃
추출 시간 : 3분

아라비카　　　　　　　　　　로부스타

① 클레버드리퍼에 종이필터를 넣는다.
② 종이필터를 뜨거운 물로 린스한다.
③ 분쇄한 원두(**아라비카, 로부스타**)를 클레버드리퍼에 넣고 평평하게 흔들어준다.
④ 뜨거운 물을 붓는다.
⑤ 1분이 지나면 스틱을 이용해 3~4번 정도 저어준다.
⑥ 3분이 지나면 클레버드리퍼를 서버 위에 올려 추출을 종료한다.

향미	아라비카	
	로부스타	
	기타	

2) 대륙에 따른 향미 비교

추출 조건

로스팅 : 중볶음
분쇄도 : 0.3~0.5mm
커피 양 : 9g

물 양 : 150ml
물 온도 : 90℃
추출 시간 : 3분

아시아

아프리카

중남미

① 클레버드리퍼에 종이필터를 넣는다
② 종이필터를 뜨거운 물로 린스한다.
③ 분쇄한 원두(아시아, 아프리카, 중남미)를 클레버드리퍼에 넣고 평평하게 흔들어준다.
④ 뜨거운 물을 붓는다.
⑤ 1분이 지나면 스틱을 이용해 3~4번 정도 저어준다.
⑥ 3분이 지나면 클레버드리퍼를 서버 위에 올려 추출을 종료한다.

향미	아시아	
	아프리카	
	중남미	
	기타	

3) 물 온도에 따른 향미 비교

추출 조건

로스팅 : 중볶음
분쇄도 : 0.3~0.5mm
커피 양 : 9g

물 양 : 150ml
추출 시간 : 3분

80℃

90℃

90℃ 이상

① 클레버드리퍼에 종이필터를 넣는다.
② 종이필터를 뜨거운 물로 린스한다.
③ 분쇄한 원두를 클레버드리퍼에 넣고 평평하게 흔들어준다.
④ 뜨거운 물(80℃, 90℃, 90℃ 이상)을 붓는다.
⑤ 1분이 지나면 스틱을 이용해 3~4번 정도 저어준다.
⑥ 3분이 지나면 클레버드리퍼를 서버 위에 올려 추출을 종료한다.

향미	80℃	
	90℃	
	90℃ 이상	
	기타	

4) 추출 시간에 따른 향미 비교

추출 조건

로스팅 : 중볶음
분쇄도 : 0.3~0.5mm
커피 양 : 9g

물 양 : 150ml
물 온도 : 90℃

1분

3분

5분

① 클레버드리퍼에 종이필터를 넣는다.
② 종이필터를 뜨거운 물로 린스한다.
③ 분쇄한 원두를 클레버드리퍼에 넣고 평평하게 흔들어준다.
④ 뜨거운 물을 붓는다.
⑤ 1분이 지나면 스틱을 이용해 3~4번 정도 저어준다.
⑥ 1(이나 3, 5)분이 지나면 클레버드리퍼를 서버 위에 올려 추출을 종료한다.

향미	1분	
	3분	
	5분	
	기타	

5) 커피 사용량에 따른 향미 비교

추출 조건

로스팅 : 중볶음
분쇄도 : 0.3~0.5mm

물 양 : 150ml
물 온도 : 90℃
추출 시간 : 3분

5g   9g   13g

① 클레버드리퍼에 종이필터를 넣는다.
② 종이필터를 뜨거운 물로 린스한다.
③ 분쇄한 **원두 5g**(이거나 **9g**, **13g**)를 클레버드리퍼에 넣고 평평하게 흔들어준다.
④ 뜨거운 물을 붓는다.
⑤ 1분이 지나면 스틱을 이용해 3~4번 정도 저어준다.
⑥ 3분이 지나면 클레버드리퍼를 서버 위에 올려 추출을 종료한다.

향미	5g	
	9g	
	13g	
기타		

 강의안

교과명	향미 체험	단원	다양한 커피 향과 맛 체험	차시	2
교육 목적	다양한 커핑을 통해 맛에 대한 차이를 직접 느낄 수 있다.				
수업 자료	유인물, 원두커피(아라비카 커피, 로부스타 커피, 대륙별 커피), 커피 그라인더, 종이 필터, 서버, 클레버드리퍼, 전기 무선 주전자, 온도계, 계량스푼, 스톱워치 등을 인원에 맞게 적절히 준비				

학습 단계	수업 내용	교수-학습 활동	지도상의 유의점
도입	▷커피 일반 커피 이론 사전 평가 ▷수업 목표 제시	커피 특징 질문 • 아라비카와 로부스타의 맛의 차이는? 1. 사용할 원두에 대한 특징과 준비 사항 설명 2. 이론 설명	▷학습자의 이전 클레버 사용 경험에 대해 묻고 추출 방법 설명
전개	물 온도, 시간, 커피 사용량에 따른 향미 비교	1. 물 온도 차이의 향미 비교 • 로스팅 : 중볶음 • 분쇄도 : 0.3~0.5mm • 커피/물 양 : 9g/150ml • 80℃, 90℃, 95℃ 이상 세 종류 커핑 2. 추출 시간에 따른 향미 비교 • 로스팅 : 중볶음 • 분쇄도 : 0.3~0.5mm • 커피/물 양 : 9g/150ml • 클레버드리퍼를 사용하여 2분, 4분, 6분 동안 추출하여 맛을 비교	▷PPT 자료 활용 ▷집중도가 떨어지지 않도록 질문과 체크 요함 ▷그룹별 실습

		3. 커피 사용량에 따른 향미 비교 • 로스팅 : 중볶음 • 분쇄도 : 0.3~0.5mm • 클레버드리퍼를 사용하여 5g, 9g, 13g/150ml를 추출하여 맛을 비교 4. 아라비카 커피와 로부스타 커피의 향미 비교 • 로스팅 : 중볶음 • 분쇄도 : 0.3~0.5mm • 커피/물 양 : 9g/150ml • 물 붓기 전 아로마 체크, 뜨거운 물 붓고 4분 뒤 브레이크, 8분 뒤 커핑으로 맛 체크	
	대륙별 커피의 맛과 향 비교	5. 대륙별로 커피의 향미 비교 체험(아프리카, 아시아, 중남미)	▷그룹별 실습
실습 평가 및 정리	향미의 표현	향미의 대한 표현	▷그룹별 실습을 통한 발표

문제

1. 다음은 커피 추출의 3대 원리이다. 순서로 맞는 것은?
   ① 용해→침투→분리
   ② 침투→용해→분리
   ③ 분리→침투→용해
   ④ 용해→분리→침투

2. 다음 중 커피의 종과 관계없는 것은?
   ① 아라비카종   ② 리베리카종   ③ 카네포라종   ④ 코페아종

3. 다음 중 아라비카종의 특징에 대한 설명으로 틀린 것은?
   ① 대체로 풍부한 신맛과 고급스런 향을 지녔다.
   ② 해발 800~2,000m의 고산지대에서 재배된다.
   ③ 카리브 해, 중남미, 서부 아프리카 등지에서 생산된다.
   ④ 로부스타종에 비해 가격이 상대적으로 고가이며 원두커피 제조에 이용된다.

4. 다음 중 로부스타종에 대한 설명으로 맞는 것은?
   ① 주로 해발 800m 이상의 고산지대에서 재배된다.
   ② 아프리카 콩고가 원산지로 1895년 처음 학계에 보고되었다.
   ③ 연평균 기온 24~30℃, 연평균 강우량 1,000㎜ 내외의 열대지역에서 잘 재배된다.
   ④ 재배가 용이하고 수확량이 아라비카종보다 월등히 많으며 카페인 양도 훨씬 적어 많은 국가들이 재배량을 늘려가고 있다.

5. 다음 중 아라비카종의 특징에 대한 설명으로 틀린 것은?
   ① 생두가 일반적으로 납작한 모양을 하고 있다.
   ② 고형성분이 로부스타종에 비해 더 많이 함유되어 있다.
   ③ 번식방법은 자가수분(Self-pollination)을 통해 이루어진다.
   ④ 린네(Linne)에 의해 품종으로 분류 등록된 시기는 1753년이다.

문제

6. 다음은 어떤 종에 대한 설명인가?

쓴맛이 강하고 향이 독특하다. 주로 동남아시아나 서아프리카 등 유럽의 과거 식민지에서 재배되며 에스프레소 커피에 사용하기도 한다.

① 카네포라종　　② 아라비카종
③ 리베리카종　　④ 엑셀사종

7. 다음 커피에 대한 여러 설명 중 틀린 것은?

① 로부스타종은 아라비카종보다 가뭄에 더 강하다.
② 아라비카종은 해발 800~2,000m 지역에서 주로 재배한다.
③ 로부스타종은 에스프레소용 원두에 사용되기도 한다.
④ 아라비카종은 일반적으로 고지대에서 재배될수록 맛과 향이 좋다.

8. 커피를 추출하는 방식 중 달임 방식(Decoction)에 해당하는 것은?

① 에스프레소머신　　② 페이퍼드립　　③ 프렌치프레스　　④ 이브릭

9. 다음 중 커피 생산국가와 생산지역이 틀리게 연결된 것은?

① 콜롬비아 - Huila　　　　② 파나마 - Boquete
③ 엘살바도르 - Oaxaca　　④ 과테말라 - Huehuetenanago

정답　1. ②　2. ④　3. ③　4. ②　5. ②　6. ①　7. ①　8. ④　9. ③

Chapter 3

침지/투과 실험

+ 클레버드리퍼
+ 프렌치프레스

클레버드리퍼

- 침지와 투과 방식의 정의와 추출 원리를 이해한다.
- 다양한 침지와 투과 방식의 변수를 숙지한다.
- 다양한 변수를 적용하여 침지와 투과로 추출한 커피의 향미를 비교한다.

1 도구 개요 및 설명

클레버드리퍼는 대만에서 개발된 커피 추출 도구로 풀오버 브루잉 방식과 프렌치프레스(침지)의 장점만을 접목시켰다. 클레버드리퍼는 바닥면의 차단장치(Shut-Off system)로 누구나 쉽게 특별한 기술 없이도 같은 맛을 재현해낸다는 장점이 있다. 셧 오프(Shut-Off) 상태로 추출 시 침지 방식이 가능하며, 서버에 올려 추출할 경우 투과 방식으로도 활용할 수 있다.

클레버드리퍼는 추출구 차단장치로 인해 누구라도 원하는 향미를 추출하고 재연하는 것이 가능하다. 분쇄커피 양과 물의 온도, 그리고 침지 시간을 적절히 맞추면 맛의 재연이 용이할 것이다.

차단장치(Shut-off system)
클레버드리퍼는 아래쪽에 홈을 이용해 밑받침 면이 오르락내리락할 수 있고, 이때 실리콘 링과 실리콘 볼이 여닫는 부분의 개폐를 정할 수 있게 한다. 이를 차단장치라고 한다. 이로써 침지 시간을 마음대로 조절할 수 있다.

2 유사 관련 도구 소개

모카마스터(Mocca Master)
모카마스터는 드리퍼 하단부에 용해된 커피가 내려가는 유속을 조절할 수 있는 슬라이딩 셔터가 달려 있어서 완전 열림, 반 열림, 닫힘으로 클레버드리퍼의 차단장치와 유사하게 침지 시간 조절이 가능하다.
슬라이딩 셔터를 완전히 열어 놓을 경우, 클레버를 서버 위에 놓고 추출하는 경우와 같은 투과식 추출이 된다. 네덜란드 테크니봄사 제품이다.

3 기본 실습

1) 침지 방식

준비물

클레버드리퍼 대, 강볶음(또는 중볶음) 커피, 저울, 전기주전자, 서버(또는 머그컵), 종이필터, 교반스틱, 스톱워치

추출 조건

로스팅 : 강볶음(또는 중볶음)
분쇄도 : 중간 분쇄(0.7~1.0mm)
커피 양 : 20g
물 양 : 320g
물 온도 : 92℃(중볶음일 때는 98℃)
추출 시간 : 1분(또는 2, 3, 4분)

① 클레버드리퍼에 종이필터를 장착하고 저울 위에 올린다.

Chapter 3. 침지/투과 실험_클레버드리퍼

② 클레버드리퍼에 커피 20g을 담고 영점을 잡는다.
③ 클레버드리퍼에 뜨거운 물(92℃ 이상) 320g을 커피가 다 적셔지게 붓는다.
④ 스톱워치를 누르고 교반을 한 후 추출 시간까지 기다린다.
⑤ 클레버드리퍼를 서버에서 내려놓고 커피 용액이 내려올 때까지 기다린다.
※ 물 양은 160g~320g으로 조절하여 추출 시 맛에 관여하는 성분의 농도가 달라질 수 있다. 시간 차이에 의해서도 성분의 양이 달라진다.

2) 투과 방식 되붓기

준비물

클레버드리퍼 대[소], 약볶음(또는 중볶음) 커피, 저울, 전기주전자, 서버(또는 머그컵), 종이필터

추출 조건

로스팅 : 약볶음(또는 중볶음)

분쇄도 : 굵은 분쇄(1.0mm)

커피 양 : 80[40]g

물 양 : 320g[160g]

물 온도 : 100℃

추출 시간 : 6분(중볶음은 3분)

① 클레버드리퍼에 종이필터를 장착하고 저울 위에 올린다.
② 클레버드리퍼에 커피 80g[40g]을 담고 영점을 잡는다.
③ 클레버드리퍼에 팔팔 끓는 물 320g[160g]을 커피가 다 적셔지게 붓는다.
④ ③을 서버에 올리고 220ml[110ml]가 내려올 때까지 기다린다.
⑤ 클레버드리퍼를 서버에서 바닥에 내려놓고 220ml[110ml] 내려온 커피 용액을 다시 클레버드리퍼에 붓는다.
⑥ ⑤를 서버에 올리고 200ml[100ml]가 내려올 때까지 기다린다.
⑦ 클레버드리퍼를 서버에서 바닥에 내려놓고 200ml[100ml] 내려온 커피 용액을 다시 클레버드리퍼에 붓는다.
⑧ ⑦을 서버에 올리고 200ml[100ml]가 내려올 때까지 기다린다.
※ 중볶음 커피일 경우 ⑥, ⑦번을 생략하고 ⑤번 다음이 ⑧번이다. 기호에 따라 희석한다.

4 응용 실습

1) 나누어 붓기와 단번에 붓기

추출 조건

로스팅 : 약볶음(또는 중볶음)   물 양 : 100g
분쇄도 : 중간 분쇄(0.7~1.0mm)   물 온도 : 100℃
커피 양 : 20g

커피가루 양의 5배의 물을 나누어 붓기

(1) 나누어 붓기

① 클레버드리퍼에 종이필터를 장착하고 저울 위에 올린다.
② 클레버드리퍼에 커피 20g을 담고 영점을 잡는다.
③ 클레버드리퍼에 팔팔 끓는 물 40g을 커피가 다 적셔지게 붓는다.

④ 스톱워치를 누르고 90초 기다린다.
⑤ 다시 클레버드리퍼에 팔팔 끓는 물 40g을 커피가 다 적셔지게 붓는다.
⑥ 스톱워치를 누르고 60초 기다린다.
⑦ 또 다시 클레버드리퍼에 팔팔 끓는 물 20g을 커피가 다 적셔지게 붓고, 클레버드리퍼를 서버 위에 내려놓고 커피 용액이 다 내려올 때까지 기다린다.
⑧ 기호에 따라 희석한다.

커피가루 양의 5배의 물을 단번에 붓기

(2) 단번에 붓기

① 클레버드리퍼에 종이필터를 장착하고 저울 위에 올린다.
② 클레버드리퍼에 커피 20g을 담고 영점을 잡는다.
③ 클레버드리퍼에 팔팔 끓는 물 100g을 커피가 다 적셔지게 붓는다.
④ 스톱워치를 누르고 180초 기다린다.
⑤ 클레버드리퍼를 서버 위에 내려놓고 커피 용액이 내려올 때까지 기다린다.
⑥ 기호에 따라 희석한다.

향미	나누어 붓기	
	단번에 붓기	
	기타	

2) 사용하는 물의 양

추출 조건

로스팅 : 약볶음(또는 중볶음)
분쇄도 : 중간 분쇄(0.7~1.0mm)
커피 양 : 20g

물 양 : 120/300g
물 온도 : 100℃
추출 시간 : 3분 이상

커피가루 양의 6배의 물(120g)

커피가루 양의 15배의 물(300g)

① 클레버드리퍼에 종이필터를 장착하고 저울 위에 올린다. 커피 20g을 담고 영점을 잡는다.
　클레버드리퍼에 팔팔 끓는 물 120g을 커피가 다 적셔지게 붓는다.
② 스탑워치를 누르고 교반한다.
③ 180초 이상 기다린다.
④ 클레버드리퍼를 서버 위에 내려놓고 커피 용액이 내려올 때까지 기다린다. **120g**(이나

300g)의 물을 붓고 추출한 커피 용액의 동 분량까지 희석한다.

향미	6배	
	15배	
	기타	

3) 침지 시간

추출 조건

로스팅 : 약볶음 (또는 중볶음)
분쇄도 : 0.7~1.0mm
커피 양 : 20g

물 양 : 커피가루 양의 4배(80~85g)
물 온도 : 100℃

2분 / 6분

    2분   6분

① 클레버드리퍼에 종이필터를 장착하고 저울 위에 올린다. 커피 20g을 담고 영점을 잡는다.
② 클레버드리퍼에 팔팔 끓는 물 80~85g을 커피가 다 적셔지게 붓는다.
③ 스톱워치를 2분(또는 6분)에 맞추어 놓은 후, 클레버드리퍼를 회전(또는 교반)하고 기다린다.

④ 클레버를 서버 위에 올리고 내려놓고 커피 용액이 내려올 때까지 기다린다.
⑤ 기호에 따라 희석한다.

> **Tip.**
> 물 양을 정확히 맞추려 계량할 경우 온도차가 생기므로 약간의 저울 오차가 생기더라도 주전자를 들고 저울 위 클레버에 바로 붓는 것이 좋다.

향미	2분	
	6분	
기타		

4) 분쇄도

추출 조건

로스팅 : 강볶음
분쇄도 : 0.3~0.5mm/1.0mm
커피 양 : 30g

물 양 : 100g
물 온도 : 92℃
추출 시간 : 3분

가는 분쇄(Fine)/굵은 분쇄(Coarse)

가는 분쇄(Fine)

굵은 분쇄(Coarse)

① 클레버드리퍼에 종이필터를 장착하고 저울 위에 올린다.
② 클레버드리퍼에 **가는 분쇄(또는 굵은 분쇄)** 커피 30g을 담고 영점을 잡는다.
③ 클레버드리퍼에 92℃ 물 180g을 커피가 다 적셔지게 붓는다.
④ 클레버를 회전(또는 교반)한 후, 스톱워치를 180초에 맞추어 놓는다.
⑤ 클레버드리퍼를 서버에서 내려놓고 커피 용액이 내려올 때까지 기다린다.
⑥ 기호에 따라 희석한다.

향미	Fine	
	Coarse	
기타		

5) 에스프레소처럼 진하게 뽑기

추출 조건

로스팅 : 강볶음   물 양 : 100g
분쇄도 : 0.3~0.5mm   물 온도 : 50℃
커피 양 : 30g   추출 시간 : 30분

물 / 우유

① 클레버드리퍼에 종이필터를 장착하고 저울 위에 올린다.
② 클레버드리퍼에 커피 30g을 담고 영점을 잡는다.
③ 클레버드리퍼에 50℃ 물 100g을 커피가 다 적셔지게 붓고 교반한다.
④ 29분 후 다시 교반하고 1분 지난 후, 클레버드리퍼를 서버에 올리고 커피가 내려올 때까지 기다린다.
⑤ 기호에 따라 물로 희석하거나 우유를 첨가한다.

향미	물	
	우유	
기타		

 강의안

교과명	침지/투과 실험	단원	클레버드리퍼	차시	3
교육 목적	\multicolumn{5}{l}{침지와 투과의 정의와 추출 원리를 이해한다. 다양한 침지와 투과 방식의 변수를 숙지한다. 다양한 변수를 적용한 침지와 투과 방식으로 추출한 커피 용액을 음용하고 추출 변수와 맛의 상관관계를 숙지한다.}
수업 자료	\multicolumn{5}{l}{볶음도별 커피, 커피 그라인더, 클레버드리퍼, 서버, 온도계, 스톱워치, 저울(0.1g 측정 가능), 커핑 스푼 또는 시음 잔, PPT 자료}

학습 단계	수업 내용	교수-학습 활동	지도상의 유의점
도입	▷커피 일반 추출 이론 사전 평가 ▷수업 목표 제시	1. 침지 방식의 추출에 대해 물어본다. 2. 대표적인 침지 방식 추출 도구에 대해 알아본다.	▷학습자의 추출 이론 지식 사전 파악 ▷수업 내용 목표 제시
전개	▷클레버드리퍼 침지 추출	1. 클레버드리퍼를 이용한 침지추출(Steeped Sweet Brewing)	▷PPT 자료 활용 ▷집중도가 떨어지지 않도록 질문과 체크 요함
	▷클레버드리퍼 추출의 변수들	1. 클레버드리퍼를 이용한 나누어 물 붓기/단번에 물 붓기 2. 클레버드리퍼를 이용한 침지 추출의 변수에 따른 추출하기(침지 시간, 물 양, 분쇄도) 3. 클레버드리퍼를 이용한 진한 커피 원액 만들기	그룹별 실습
실습 평가 및 정리	추출 이론을 응용하여 추출 설계	여러 실험을 통한 적절한 맛을 찾아본다.	▷학습자의 이론 인지도 파악 ▷팀별 대결에 의한 실습 평가

강의 보조 자료

Steeped Sweet Brewing Coffee 로스팅 정도별/침지 시 사용된 커피의 분쇄도별 프렌치프레스

중간(Regular) 분쇄커피 질량의 10배의 물 사용, 침지 시간 4분

로스팅 정도 물의 온도	약볶음	중볶음	강볶음
98℃ 이상			
92℃ 초과, 98℃ 미만			
92℃ 이하			

중간 분쇄커피 질량의 6배의 물 사용, 침지 시간 4분

로스팅 정도 물의 온도	약볶음	중볶음	강볶음
98℃ 이상			
92℃ 초과, 98℃ 미만			
92℃ 이하			

중간 분쇄커피 질량의 15배의 물 사용, 침지 시간 4분

로스팅 정도 물의 온도	약볶음	중볶음	강볶음
98℃ 이상			
92℃ 초과, 98℃ 미만			
92℃ 이하			

중간 분쇄커피 질량의 6배의 물 사용, 침지 시간 2분

물의 온도 \ 로스팅 정도	약볶음	중볶음	강볶음
98℃ 이상			
92℃ 초과, 98℃ 미만			
92℃ 이하			

중간 분쇄커피 질량의 6배의 물 사용, 침지 시간 6분

물의 온도 \ 로스팅 정도	약볶음	중볶음	강볶음
98℃ 이상			
92℃ 초과, 98℃ 미만			
92℃ 이하			

중간 분쇄커피 질량의 4배의 물 사용, 침지 시간 4분

물의 온도 \ 로스팅 정도	약볶음	중볶음	강볶음
98℃ 이상			
92℃ 초과, 98℃ 미만			
92℃ 이하			

중간 분쇄커피 질량의 4배의 물 사용, 침지 시간 2분

물의 온도 \ 로스팅 정도	약볶음	중볶음	강볶음
98℃ 이상			
92℃ 초과, 98℃ 미만			
92℃ 이하			

중간 분쇄커피 질량의 4배의 물 사용, 침지 시간 6분

물의 온도 \ 로스팅 정도	약볶음	중볶음	강볶음
98℃ 이상			
92℃ 초과, 98℃ 미만			
92℃ 이하			

굵은(Coarse) 분쇄커피 질량의 6배의 물 사용, 침지 시간 4분

물의 온도 \ 로스팅 정도	약볶음	중볶음	강볶음
98℃ 이상			
92℃ 초과, 98℃ 미만			
92℃ 이하			

가는(Fine) 분쇄커피 질량의 6배의 물 사용, 침지 시간 4분

물의 온도 \ 로스팅 정도	약볶음	중볶음	강볶음
98℃ 이상			
92℃ 초과, 98℃ 미만			
92℃ 이하			

문제

1. 다음 커피 추출 도구 중 커피 프레소와 핸드드립의 장점을 혼합하여 대만에서 개발된 추출 도구는?
   ① 프렌치프레스   ② 프레소   ③ 클레버드리퍼   ④ 캡슐머신

2. 다음 중 역사가 가장 짧은 커피 추출 도구는?
   ① 프렌치프레스   ② 멜리타드리퍼
   ③ 모카포트   ④ 클레버드리퍼

3. 다음 추출 방법으로 추출하는 추출 도구는?

   추출 도구에 종이필터를 끼우고 커피가루를 넣은 후 뜨거운 물을 붓는다.
   1~3분 정도가 지나면 서버 또는 커피 잔 위에 올려 추출된 커피 용액이 내려오도록 한다.

   ① 프렌치프레스   ② 클레버드리퍼
   ③ 모카포트   ④ 캡슐머신

4. 다음 커피 추출 도구 중 추출하는 사람의 기술 숙련도를 가장 적게 필요로 하는 것은?
   ① 클레버드리퍼   ② 프레소   ③ 모카포트   ④ 핸드드립

5. 다음 중 트라이탄(비소프리)과 실리콘 소재로 만든 커피 추출 도구는?
   ① 프렌치프레스   ② 프레소
   ③ 모카포트   ④ 클레버드리퍼

6. 다음 커피 추출 도구 중 에스프레소를 추출하는 것이 아닌 것은?
   ① 클레버드리퍼   ② 프레소   ③ 모카포트   ④ 캡슐머신

문제

7. 다음 커피 추출 도구 중 커피메이커와 같이 디켄더와 합체가 되어야만 커피 용액이 나오는 커피 추출 도구는?
   ① 프렌치프레스　② 클레버드리퍼　③ 모카포트　④ 캡슐머신

8. 다음 중 일반적인 교반스틱의 재질로 적합한 것이 아닌 것은?
   ① 대나무
   ② 플라스틱
   ③ 종이
   ④ 스테인레스 스틸

9. 다음 커피 추출 도구 중 녹차 재배 산지에서 개발된 것은?
   ① 프렌치프레스
   ② 프레소
   ③ 모카포트
   ④ 클레버드리퍼

10. 다음 커피 추출 도구 중 청소를 위한 분해와 재조립이 가장 번거로워 일반적으로 분해청소를 권장하지 않는 것은?
    ① 프렌치프레스
    ② 사이폰
    ③ 모카포트
    ④ 클레버드리퍼

정답　1. ③　2. ④　3. ②　4. ①　5. ④　6. ①　7. ②　8. ③　9. ④　10. ④

프렌치프레스

- 침지 추출 커피(Steeped Brewing Coffee)의 정의와 추출 원리를 이해한다.
- 다양한 침지 추출 방식의 변수를 숙지한다.
- 다양한 변수를 적용하여 침지 방식으로 추출한 커피 용액을 음미하고 향미를 비교한다. 또, 맛의 상관관계를 숙지한다.

1 도구 개요 및 설명

1850년대 금속 재질로 만들어져 1929년 아띨리오 칼리마니(Attilio Calimani)[7]에 의해 유리와 금속 재질을 이용한 모양으로 특허 출원된 이래로 프렌치프레스는 여러 가지 설계 변경 과정을 거쳤다. 현대의 프렌치프레스는 금속 또는 플라스틱 뚜껑에 미세 와이어 또는 나일론 메쉬 필터가 부착된 형태의 플런저와 유리 또는 투명 플라스틱으로 만들어진 좁은 원통형 비커(실린더)로 구성되어 있다.

비커에 커피를 담고 뜨거운 물을 부어 침지식으로 커피를 추출한 후 뚜껑과 연결된 메시 필터를 눌러 커피 용액과 찌꺼기를 분리한다. 이때 커피의 미분과 오일도 완전 분리되지 못하고 커피 용액에 섞여 나오게 된다. 예열 유무와 실내 온도도 추출의 변수가 될 수 있으며, 전 세계에서 가장 많이 사용되고 있는 커피 추출 도구라 해도 과언이 아니다.

프렌치프레스로 추출한 커피는 종이필터를 거친 커피보다 커피 본연의 바디가 풍부한 반면, 커피 디터펜(Diterpenes($C_{20}H_{32}$))에 의해 혈청 내의 LDL 수치를 올리는 것으로 알려져 있다. 그러나 장기 복용 시에는 종이필터링 여부가 LDL수치를 올린다고 할 수 없다.[8]

1933년 이탈리아 칼리멘(Calimen)에 의해 개발되었으나 2차 세계대전 이후인 1950년대 프랑스 메리오르사가 가정의 홈메이드 커피 추출 도구로 대중화시켰고, 그 후 메리오르사가 덴마크 보덤사로 합병되면서 보덤사의 브랜드명이 도구의 이름으로 대용되고 있다.

---

[7] *"History of the Cafetière"*, Grierson, James, Coffee knowledge, UK: Galla coffee, 2009-12-23 article

2 유사 관련 도구 소개

에스프로프레스(Espro Press)

에스프로프레스는 프렌치프레스의 약점인 미분(Grit)과 빠른 온도 저하를 보완하여 브루스 콘스탄틴(Bruce Constantine)와 크리스 멕클렌(Chris Mclean)이 2004년 4월 많은 특허를 취득 후 미국의 킥스타터 펀딩으로 제품화했다.

스테인레스 이중 진공-단열처리로 보온성(4분 침지 전후 온도 변화 약 2℃)과 내구성을 증가시켰다. 스테인레스 이중 마이크로 필터를 적용하여 미분(Grit)을 최대한 걸러줌으로써 미국 스페셜티커피협회로부터 커피 본연의 아로마 오일을 추출하여 바디감과 풍부한 향의 깔끔한 커피를 즐길 수 있다는 평가를 받았다.

캐나다의 에스프로이(ESPROI NC) 몸체는 스테인리스스틸, 필터는 폴리프로필렌, 실리콘수지, 폴리아크릴로니트릴로 구성되어 있다. 8oz, 18oz, 32oz 사이즈와 에스프로 트라벨 프레스(휴대용 텀블러)가 있다.

(http://espro.ca/espro-press)

---

8) *"Diterpenes from coffee beans decrease serum levels of lipoprotein in humans"*, European Journal of Clinical Nutrition (1997) 51, 431~436

3 기본 실습

1) 표준

준비물

프렌치프레스, 중볶음 커피(또는 약볶음, 강볶음) 저울, 전기주전자, 서버(또는 머그컵), 교반스틱

추출 조건

로스팅 : 중볶음(또는 약볶음, 강볶음)
분쇄도 : 0.7~1.0mm
커피 양 : 20g

물 양 : 200g
물 온도 : 98℃(약볶음일 때는 100℃, 강볶음일 때는 92℃)
추출 시간 : 4분

① 프렌치프레스에 커피가루 20g을 담는다.
② 커피가루 사용량의 10배의 뜨거운 물을 붓는다.
③ 스톱워치를 4분에 맞추고 누른 후 교반을 한다.
④ 시간이 되면 프레스를 누른 후 미분이 나오기 전까지만 서버에 따라낸다. 기호에 따라 희석한다.

2) 물 붓는 양과 시간을 마음대로 추출하기

준비물

프렌치프레스, 중볶음 커피(또는 약볶음, 강볶음), 저울, 전기주전자, 서버(또는 머그컵), 교반스틱

추출 조건

로스팅 : 중볶음(또는 약볶음, 강볶음)   물 양 : 159(80~1500g)

분쇄도 : 0.7~1.0mm   물 온도 : 98℃(약볶음일 때는 100℃, 강볶음일 때는 92℃)

커피 양 : 10g   추출 시간 : 1분(또는 2분, 3분, 4분)

① 프렌치프레스에 커피가루 10g을 담는다.
② 커피가루 사용량의 8~15배의 뜨거운 물을 붓는다.
③ 스톱워치를 정한 추출 시간에 맞추고 누른 후 교반을 한다.
④ 시간이 되면 프레스를 누른 후 미분이 나오기 전까지만 서버에 따라낸다.

 **응용 실습**

1) 사용된 물 양의 차이

추출 조건

로스팅 : 중볶음(또는 약볶음, 강볶음)
분쇄도 : 0.7~1.0mm
커피 양 : 20g

물 양 : 120g/300g
물 온도 : 98℃(약볶음일 때는 100℃, 강볶음일 때는 92℃)
추출 시간 : 4분

6배

표준(10배)

15배

① 플랜저에 커피가루 20g을 담는다.
② 커피 양의 6배(또는 10배, 15배)의 뜨거운 물을 붓는다.
③ 스톱워치를 4분에 맞추고 누른 후 교반을 한다.
④ 시간이 되면 플랜저를 누른 후 미분이 나오기 전까지만 서버에 따라낸다. 기호에 따라 희석한다.

※ 동량으로 희석해서도 음용한다. 같은 양의 커피 용액을 만들기 위해 같은 양의 분쇄커피 사용

향미	6배	
	표준(10배)	
	15배	
	기타	

2) 침지 시간의 차이

추출 조건

로스팅 : 중볶음(또는 약볶음, 강볶음)   물 양 : 200g

분쇄도 : 0.7~1.0mm   물 온도 : 98℃(약볶음일 때는 100℃, 강볶음일 때는 92℃)

커피 양 : 20g분   추출 시간 : 2분/4분(표준)/6

2분	4분	6분
2:00:00	4:00:00	6:00:00

① 프렌치프레스에 커피가루 20g을 담는다.
② 커피가루 사용량의 10배의 뜨거운 물을 붓는다.
③ 스톱워치를 2분(이나 4분, 6분)에 맞추고 누른 후 교반을 한다.
④ 시간이 되면 플란저를 누른 후 미분이 나오기 전까지만 서버에 따라낸다.
⑤ 기호에 따라 희석한다.

향미	2분	
	표준(4분)	
	6분	
	기타	

3) 사용된 커피의 분쇄도 차이

추출 조건

로스팅 : 중볶음(또는 약볶음, 강볶음)

분쇄도 : 0.5mm/0.7~1.0mm(표준)/1.0mm

커피 양 : 20g

물 양 : 200g

물 온도 : 98℃(약볶음일 때는 100℃, 강볶음일 때는 92℃)

추출 시간 : 4분/6분

가는 분쇄(Fine)　　　　중간 분쇄(Regular)　　　　굵은 분쇄(Coarse)

① 프렌치프레스에 **가는 분쇄(이거나 굵은 분쇄)** 커피가루 20g을 담는다.
② 커피가루 사용량 10배의 뜨거운 물을 붓는다.
③ 스톱워치를 4분에 맞추고 누른 후 교반을 한다.
④ 시간이 되면 플란저를 누른 후 미분이 나오기 전까지만 서버에 따라낸다.
⑤ 기호에 따라 희석한다.

향미	Fine	
	표준(Regular)	
	Coarse	
	기타	

# 강의안

교과명	침지/투과 실험	단원	프렌치프레스	차시	3
교육 목적	침지 추출 커피(Steeped Brewing Coffee)의 정의와 추출 원리를 이해한다. 다양한 침지 추출의 변수를 숙지한다. 다양한 변수를 적용한 침지 추출로 추출한 커피 용액을 음용하고 추출 변수와 맛의 상관관계를 숙지한다.				
수업 자료	볶음도별 커피, 커피 그라인더, 프렌치프레스, 서버, 온도계, 스톱워치, 저울(0.1g 측정 가능), 커핑 스푼 또는 시음 잔, PPT 자료				

학습 단계	수업 내용	교수-학습 활동	지도상의 유의점
도입	▷커피 일반 추출 이론 사전 평가 ▷수업 목표 제시	1. 침지 추출 커피의 정의를 물어본다. 2. 대표적인 침지 추출도구에 대해 알아본다.	▷학습자의 추출 이론 지식 사전 파악 ▷수업내용 목표 제시
전개	▷프렌치프레스 커피 추출	프렌치프레스를 이용한 침지 추출	▷PPT 자료 활용 ▷집중도가 떨어지지 않도록 질문과 체크 요함
	▷프렌치프레스 추출의 변수들	1. 프렌치프레스를 이용한 침지 추출의 변수에 따른 추출하기(분쇄도, 침지 시간, 볶음도)	그룹별 실습
실습 평가 및 정리	추출 이론을 응용하여 추출 설계	여러 실험을 통한 적절한 맛을 찾아본다.	▷학습자의 이론 인지도 파악 ▷팀별 대결에 의한 실습 평가

 강의 보조 자료

Steeped Sweet Brewing Coffee 로스팅 정도별/침지 시 사용된 커피의 분쇄도별 프렌치프레스

중간 분쇄커피 질량의 10배의 물 사용, 침지 시간 4분(표준)

물의 온도 \ 로스팅 정도	약볶음	중볶음	강볶음
98℃ 이상			
92℃ 초과, 98℃ 미만			
92℃ 이하			

중간 분쇄커피 질량의 6배의 물 사용, 침지 시간 4분

물의 온도 \ 로스팅 정도	약볶음	중볶음	강볶음
98℃ 이상			
92℃ 초과, 98℃ 미만			
92℃ 이하			

중간 분쇄커피 질량의 15배의 물 사용, 침지 시간 4분

물의 온도 \ 로스팅 정도	약볶음	중볶음	강볶음
98℃ 이상			
92℃ 초과, 98℃ 미만			
92℃ 이하			

중간 분쇄커피 질량의 10배의 물 사용, 침지 시간 2분

로스팅 정도 물의 온도	약볶음	중볶음	강볶음
98℃ 이상			
92℃ 초과, 98℃ 미만			
92℃ 이하			

중간 분쇄커피 질량의 10배의 물 사용, 침지 시간 6분

로스팅 정도 물의 온도	약볶음	중볶음	강볶음
98℃ 이상			
92℃ 초과, 98℃ 미만			
92℃ 이하			

가는 분쇄커피 질량의 10배의 물 사용, 침지 시간 4분

로스팅 정도 물의 온도	약볶음	중볶음	강볶음
98℃ 이상			
92℃ 초과, 98℃ 미만			
92℃ 이하			

굵은 분쇄커피 질량의 10배의 물 사용, 침지 시간 4분

로스팅 정도 물의 온도	약볶음	중볶음	강볶음
98℃ 이상			
92℃ 초과, 98℃ 미만			
92℃ 이하			

문제

1. 다음 커피 추출 도구 중 가장 굵은(거친) 분쇄의 커피가루를 사용하여 커피를 추출하는 것은?
    ① 터키식
    ② 프렌치프레스
    ③ 모카포트
    ④ 베큠브루어(사이폰)

2. 다음 커피 추출 도구 중 침지(침출)식으로 커피를 추출하는 것은?
    ① 프렌치프레스   ② 에어로프레스   ③ 퍼콜레이터   ④ 모카포트

3. 다음 커피 추출 도구 중 침지(침출)식으로 커피를 추출하는 것이 아닌 것은?
    ① 프렌치프레스   ② 에스프로프레스   ③ 모카포트   ④ 클레버

4. 커피 추출과 우유거품 만들기 두 가지가 모두 가능한 커피 추출 기구는?
    ① 프렌치프레스   ② 클레버   ③ 에어로프레스   ④ 모카포트

5. 다음 커피 추출기구 중 추출된 커피의 바디감이 가장 잘 표현되는 추출 기구는?
    ① 프렌치프레스   ② 클레버   ③ 에어로프레스   ④ 필터드립

6. 1850년대에 개발되어 1929년 지금과 같이 유리 또는 플라스틱 원통형 실린더와 메쉬 필터가 바닥면에 있는 금속 형태의 프레스로 커피를 침지시켜 추출하는 커피기구는?
    ① 프렌치프레스   ② 에스프로프레스   ③ 에어로프레스   ④ 모카포트

7. 다음 커피 추출 도구 중 일반적인 커피를 추출 과정 중 종이필터를 필수로 사용하는 것이 아닌 것은?
    ① 프렌치프레스   ② 에어로프레스   ③ 핸드드립   ④ 클레버

8. 다음 커피 추출 도구 중 차의 침출 추출 도구로 호환되는 것은?
    ① 프렌치프레스   ② 에어로프레스   ③ 퍼콜레이터   ④ 모카포트

문제

9. 다음 커피 추출 도구 중 교반 유무가 커피 추출력을 좌우 하는 것이 아닌 것은?

　　① 프렌치프레스　　② 에스프로프레스　　③ 모카포트　　④ 클레버

10. 다음 커피 추출 도구 중 에스프레소를 추출하는 것이 아닌 것은?

　　① 프렌치프레스　　② 프레소　　③ 모카포트　　④ 캡슐머신

정답　1. ②　2. ①　3. ③　4. ①　5. ①　6. ①　7. ①　8. ①　9. ③　10. ①

Chapter 4

폴오버 브루잉 I

✚ 드리퍼 종류별 사용법
✚ 일본식 브루잉

드리퍼 종류별 사용법

- 다양한 드리퍼별 구조와 추출 특성을 이해한다.
- 드리퍼별 추출 방법을 숙지한다.
- 수동식 그라인더 핸드밀의 사용 및 관리법을 익힌다.

1 폴오버 브루잉의 정의

커피가 가지고 있는 가용성 성분들을 뽑아내기(Extract) 위하여 뜨거운 물을 주입하여 커피가 가진 향미 성분들을 녹여 커피 입자 밖으로 분리해내는 것을 추출(Brewing/Extraction)이라 한다.

커피를 추출하는 다양한 방식 중 여과필터에 그라인더로 갈은 커피를 담고 뜨거운 물을 부어 커피 용액을 추출하는 방식을 '폴오버 브루잉(Pour over brewing) 방식'이라고 말한다. 폴오버(Pour over)란 분쇄된 커피 위에 직접 물을 부어서 추출하는 방식을 말하며, 브루잉(Brewing)이란 '커피를 끓이다, 우려내다'라는 의미로서 에스프레소 가압추출 외 커피 성분을 녹여내는 거의 모든 추출법을 말한다. 이 방식은 크게 두 가지로 나눠지는데, 기계를 이용하여 추출하는 '오토 폴오버 브루잉(Auto pour over brewing)'과 사람이 직접 뜨거운 물을 부어 원하는 커피 양을 추출하는 '매뉴얼 폴오버 브루잉(Manual pour over brewing)' 방식이 있다.

일본에서는 매뉴얼 폴오버 브루잉 방식을 드립 포트의 물줄기를 세심하게 이용하여 커피를 추출하는 핸드드립(Hand drip) 방식으로 발전시켰다. 우리나라에도 이러한 일본식의 커피 추출 방식이 전달되어, 손으로 내리는 경우 범용적으로 '핸드드립'이라는 일본식 용어를 그대로 사용하고 있다.

【표 1】 브루잉의 정의

폴오버 브루잉 (Pour over brewing)	매뉴얼 폴오버 브루잉 (Manual pour over brewing)	스위트 브루잉 (Sweet brewing)	스위트 드립 방식
			단번에 붓기 방식
		핸드드립(Hand drip)	
	오토 폴오버 브루잉(Auto pour over brewing)		

폴오버 추출은 드립 주전자와 드리퍼, 필터를 사용해 커피를 추출하는데 멜리타, 칼리타, 고노, 하리오 등의 드리퍼를 주로 사용하고 있다. 각 드리퍼들은 나름의 특징과 장단점을 갖고 있고 구조가 서로 달라 추구하는 향미 특성이나 기호에 따라 드리퍼를 선택하여 사용할 수 있다.

2 드리퍼의 종류

드리퍼 4종을 구조적 특징에 따라 역사다리꼴과 원추형으로 구분한다.

【표 2】드리퍼의 종류

구분	역사다리꼴 멜리타	칼리타	원추형 고노	하리오
형태				
추출구 수	1개(3mm)	3개(5mm)	1개(14mm)	1개(18mm)
리브의 특징	가늘고 높다	촘촘하고 많다	중간 높이 아래에만 위치	회오리 형태로 상부까지 배치
추출 속도	약간 느리다	보통	천천히 추출	빠르게 추출
추구하는 향미 특성	부드러운 커피	산뜻한 신맛과 가벼운 바디감이 있는 부드러운 커피	진하면서 부드러운 커피	잡미가 없고 깔끔하면서 부드러운 커피

3 유사 관련 도구 소개

칼리타 웨이브 드리퍼(Klita wave dripper)   알토 에어 드리퍼(Alto air dripper)

드리퍼 종류별 특징과 추출 방법

1) 드리퍼 종류별 특징

　가장 일반적인 것으로 알려져 있는 멜리타 드리퍼는 드리퍼 하부의 추출구가 한 개라는 것이 특징이다. 추출구가 한 개면 추출 속도가 느려질 수 있는데 이를 보완하기 위하여 내부 바닥의 폭이 넓게 되어 있으며 리브의 단면을 가늘고 높게 만들어 공기의 유입이 원활하도록 하였다.

　멜리타 드리퍼의 추출 포인트는 드리퍼 안에 일정한 양의 물이 머물도록 하는 것이다. 부어주는 물의 양과 추출되는 커피의 양이 균형을 이루어 항상 적정량의 물이 드리퍼에 남아 있도록 하면서 원하는 양이 나올 때까지 멈추지 않고 계속 물을 부어줄 수 있다.

　칼리타 드리퍼는 일본에서 멜리타 드리퍼보다 리브를 더 많이 촘촘하게 만든 것으로, 추출구도 3개로 늘려 물 빠짐 속도를 빠르게 개량한 드리퍼이다. 균일한 추출구가 있어서 물 빠짐이 일정하므로 맛을 가감 없이 표현해주지만, 물줄기가 불규칙할 경우에는 오히려 맛이 민감하게 변하는 특징이 있다.

　고노 드리퍼는 추출구는 크지만 리브가 드리퍼의 하단에만 있다. 주입된 물은 드리퍼 상단에서 어느 정도 머금고 있다가 리브가 시작되는 위치에 도달해서야 밑으로 추출이 되면서 가운데로 모이는 구조이다. 이런 구조적 특징으로 볼 때 고노 드리퍼는 추출 속도를 느리게 만들기 위한 구조라고 할 수 있다.

　하리오 드리퍼의 특징은 원추형 구조로 추출구가 매우 크고 리브가 회오리 모양이다. 드리퍼 상부부터 리브가 만들어져 있어 전체적인 물 빠짐 속도가 매우 빠르다. 하리오 드리퍼는 추출 속도에 따라 맛이 좌우되는데 빠르게 추출할 경우 연하고 부드러우며 산뜻하고 풍부한 향과 깔끔한 후미를 가진다. 하리오 드리퍼로 진한 커피를 추출하고자 한다면 추출 변수 가운데 커피 양을 늘리거나 분쇄 커피의 굵기를 가늘게 조절하여 추출 속도를 떨어뜨려 추출한다.

2) 드리퍼별 추출 방법

(1) 멜리타 드리퍼 추출 방법

준비물

원두커피, 멜리타 드리퍼, 서버, 필터(종이), 계량스푼, 온도계, 타이머, 저울(0.1g 측정 가능), 커피 그라인더, 드립주전자, 시음 잔

추출 조건

로스팅 : 중볶음
커피 양 : 12g
분쇄도 : 0.5mm ~ 0.7mm
물 양 : 150ml
물 온도 : 91℃

① 필터를 끼운 드리퍼에 원두가루를 담아 서버 위에 올려놓는다.
② 원두가루의 중심부에서부터 바깥쪽으로 나선형을 그리며 물을 원두가루가 적셔질 만큼만 부어준다(뜸들이기).
③ 뜸들이기가 끝나면 물을 나누어 붓지 않고 주입하는 물 양과 추출되는 커피의 양이 균형을

이루어 적정량의 물이 드리퍼에 남아 있도록 지속적으로 부어준다.
④ 준비한 물을 다 붓고 원하는 정도의 커피 용액이 추출될 때까지 기다린 다음 드리퍼를 분리한다.

(2) 칼리타 드리퍼 추출 방법

준비물

원두커피, 칼리타 드리퍼, 서버, 필터(종이), 계량스푼, 온도계, 타이머, 저울(0.1g 측정 가능), 커피 그라인더, 드립주전자, 시음 잔

추출 조건

로스팅 : 중볶음 물 양 : 180ml
분쇄도 : 0.5mm ~ 0.7mm 물 온도 : 91℃
커피 양 : 12g

① 필터를 끼운 드리퍼에 원두가루를 담아 서버 위에 올려놓는다.

② 원두가루의 중심부에서부터 바깥쪽으로 나선형을 그리며 물을 가늘고 촘촘하게 원두가루가 적셔질 만큼만 부어준다(뜸들이기).
③ 원두가루가 충분히 적셔지면서 부풀어 오르는 것이 끝나면 1차 추출을 시작한다. 물은 중심에서 바깥쪽으로 나선형을 그리며 붓고 다시 중심으로 돌아오며 부어준다. 이때 중심부는 물을 천천히 바깥으로 갈수록 빨리 부어준다.
④ 원두가루의 중앙 부분이 살짝 가라앉고 떨어지는 물줄기가 방울로 변하면 2차 추출을 시작한다. 1차와 같은 방식으로 붓는다.
⑤ 10초 정도 기다린 후 3차 추출을 시작한다. 물줄기를 2차보다 굵게 해 빨리 부어준다. 커피의 농도와 양을 맞춰가는 과정이다.
⑥ 원하는 용액이 추출되면 드리퍼를 즉시 분리한다. 필요하면 기호에 맞게 추출된 커피에 물을 첨가하여 희석한다.

(3) 고노 드리퍼 추출 방법 1

준비물

원두커피, 고노 드리퍼, 서버, 필터(종이), 계량스푼, 온도계, 타이머, 저울(0.1g 측정 가능), 커피, 그라인더, 드립주전자, 시음 잔

추출 조건

로스팅 : 강볶음
커피 양 : 8~12g
분쇄도 : 0.5mm ~ 0.7mm
물 양 : 120ml
물 온도 : 86℃

① 필터를 접어 드리퍼에 끼우고 원두가루를 담는다.
② 86℃정도의 물을 드립주전자에 담아 중앙부터 가늘고 촘촘하게 나선형을 그리며 원두가루가 적셔질 만큼만 부어준다(뜸들이기).
③ 뜸을 들이는 과정을 거치며 20초 정도 기다린다.
④ 1차 추출을 시작한다. 원두가루가 팽창을 멈추면 뜸 들일 때보다 굵은 물줄기로 중앙부터 나선형을 그리며 물을 붓는다. 중심에서 시작해 바깥쪽으로 나갔다가 다시 중심으로 들어와 멈춘다.
⑤ 볼록하게 부푼 부분이 낮아져 수평을 이루게 되면 같은 방법으로 2차 추출을 시작한다.
⑥ 1차 추출보다 물을 조금 더 굵고 빠르게 부어준다.
⑦ 2차 추출보다 굵은 물줄기로 3차 추출을 한다. 물 빠짐이 좋지 않으면 드리퍼 가장자리로 물이 올라오게 되므로 빠르게 추출하여야 한다.
⑧ 같은 방법으로 다시 커피 층이 내려가면 4차 추출을 시작한다. 커피 추출 용액의 양을 확인하며 3차 추출보다 더 빨리 물을 붓는다.
⑨ 원하는 용액의 양이 추출되면 드리퍼를 서버에서 분리한다.

(4) 고노 드리퍼 추출 방법 2 - 점 드립

추출 조건

로스팅 : 강볶음 물 양 : 100ml

분쇄도 : 0.5mm ~ 0.7mm 물 온도 : 86℃

커피 양 : 8~12g

① 필터를 접어 드리퍼에 끼우고 원두가루를 담은 뒤 드리퍼의 중간부분을 잡고 흔들어 표면을 평평하게 만든다.
② 86℃ 정도의 물을 드립주전자에 준비하여 커피 층의 중앙에 물을 똑똑 떨어뜨린다. 물을 떨어뜨린 시간만큼 기다렸다가 다시 물을 똑똑 떨어뜨리는 동작을 원두가루가 젖어들 때까지 반복한다.
③ 커피 용액이 추출되기 시작하면 물을 안에서 바깥쪽으로 가늘게 나선형으로 오백 원짜리 동전 크기만큼의 원을 그리며 부어준다.
④ 마지막에는 물줄기를 굵게 하여 거품과 미분을 띄워준다.
⑤ 원하는 양만큼 추출이 된 후 드리퍼를 서버에서 분리한다.

(5) 하리오 드리퍼 추출 방법

추출 조건

로스팅 : 중볶음
분쇄도 : 0.5mm ~ 0.7mm
커피 양 : 10~16g

물 양 : 150ml
물 온도 : 91℃

① 필터를 접어 드리퍼에 끼우고 원두가루를 담은 뒤 드리퍼의 중간 부분을 잡고 흔들어 표면을 평평하게 만든다.
② 91℃ 정도의 물을 드립주전자에 담아 나선형을 그리면서 천천히 부어 뜸을 들인다.
③ 뜸 들인 원두가루에 중앙에서 바깥쪽으로 나선형을 그리며 1차 추출을 한다.
④ 10~15초 간격으로 2차, 3차 반복 추출을 하여 물의 양을 늘려준다.
⑤ 원하는 양만큼 용액이 추출이 되면 드리퍼를 서버에서 분리한다.

5 드리퍼의 선택

 핸드드립 커피 추출에 있어서 드리퍼의 선택은 매우 중요한 추출 변수 중 하나이다. 드리퍼는 형태와 리브의 굵기, 수량, 위치, 추출구의 크기와 개수 등 다양한 형태를 가지고 있으며 이로 인해 제각기 다른 추출 특성을 지닌다. 같은 원두를 사용하더라도 드리퍼의 종류에 따라 맛이 달라지기 때문이다. 핸드드립은 특히 커피를 계량하고 분쇄 정도를 확인한 후 면밀히 설정된 온도의 물로 물줄기 굵기 조절과 속도 등을 조절하며 최적의 추출 기술을 추구하는 섬세한 추출 방식이다. 따라서 사용할 원두의 상태와 추출할 방식에 따라 적합한 드리퍼을 선택하는 것이 매우 중요하며 이를 위해서 사용자는 각각의 드리퍼 특성을 잘 파악하고 있어야 한다.

6 수동 그라인더

1) 정의

커피는 분쇄하자마자 향기 성분이 공기 중으로 휘발되고 산소와 결합하여 산패가 진행된다. 그래서 마시기 직전에 갈아서 사용하여야 향과 맛을 제대로 즐길 수 있다. 그라인더는 수동 그라인더와 전동 그라인더로 구분할 수 있는데 가격이 상대적으로 저렴한 수동 그라인더를 많이 사용한다. 흔히 '핸드밀(Hand mill)'이라고 말하며 대부분 원뿔형(Conical burr type) 칼날이 사용된다.

2) 핸드밀의 청소 및 관리 방법

분쇄된 커피에서 오래된 커피 냄새 또는 좋지 않은 냄새가 나면 그라인더를 청소해야 한다. 핸드밀은 나무와 금속 재질이어서 물로 닦아내지 않고 그라인더 날을 분해해서 오래된 먼지만 털어내면 된다. 커피 오일 찌꺼기는 알코올로 닦아주거나 그라인더 세척용 알약이나 쌀 등 곡물류를 조금 갈아내어 찌꺼기를 벗겨내면 된다.

〈핸드밀 분해 및 조립 순서도 ①~⑧, 조립은 역순〉

3) 분쇄 굵기 조절법

⑥번 부품 톱니바퀴를 위로 올릴수록 굵게 분쇄되고 아래로 내릴수록 곱게 분쇄된다. 굵기가 정해지면 ⑤, ④번 부품을 차례로 끼워 고정시켜준다. ⑤번 고정핀이 톱니바퀴를 고정시켜 원하는 분쇄 굵기가 유지된다.

 강의안

교과명	폴오버 브루잉Ⅰ	단원	드리퍼 종류별 사용법	차시	4
교육 목적	▷드리퍼별 추출 특성을 이해하고 설명할 수 있다. ▷다양한 드리퍼별 추출 방법을 숙지한다. ▷핸드밀의 사용 및 관리법을 숙지한다.				
수업 자료	▷각종 드리퍼 • 페이퍼 드리퍼(멜리타, 칼리타, 고노, 하리오) • 필터(각 드리퍼에 적합한 필터) • 기타 추출 도구 : 저울, 온도계, 타이머, 계량스푼, 드립포트, 서버, 전기포트 등 • 약, 중, 강하게 로스팅된 커피 ▷수동 커피 그라인더(핸드밀)				

학습 단계	수업 내용	교수-학습 활동	지도상의 유의점
도입	▷핸드드립 경험 및 지식 사전 평가 ▷수업 목표 제시 ▷핸드드립 기본개념 정리	1. 선수 지식 파악 • 핸드드립용 드리퍼 사용 경험 확인 2. 학습 목표 및 수업 내용 제시 3. 기본 개념 및 용어 정리	▷학습자의 핸드드립 이론 지식수준 사전 파악 ▷수업 내용 목표 제시 ▷PPT 자료 활용
전개	▷드리퍼의 종류와 특징 설명	1. 드리퍼의 종류와 특징 비교 2. 핸드밀의 사용법 설명 • 핸드밀 분해 조립 청소 3. 핸드밀의 사용법 설명(Fine, Regular, Coarse)	▷집중도가 떨어지지 않도록 질문과 체크 요함 ▷그룹별 실습

	▷드리퍼별 특성 파악을 위한 실험	1. 드리퍼별 물 빠짐 속도 측정 • 동일 물량으로 실험 2. 드리퍼별 커피 추출 속도 측정 • 동일원두, 동일량을 담아서 동일 물량으로 실험 3. 드리퍼별 특징을 살린 추출 실습 • 약, 중, 강하게 로스팅된 원두를 이용하여 추출 설계 후 내려서 드리퍼별로 향미 특성에 대해 비교 발표 • 실험을 통하여 드리퍼별 특징과 향미 특성을 이해하기 쉽게 설명	
	드리퍼별 추출 실습 정리	1. 드리퍼별 추출 실습 정리 • 교육 환경에 맞춰 팀 대표의 시연(드리퍼 선택 및 추출) 및 향미 특성 표현	
실습 평가 및 정리	▷학습 내용 정리 및 평가	1. 드리퍼별 특징에 대한 정리 후 마무리 2. 과정 이수 정도를 파악하기 위한 평가실시(필기시험)	▷학습자의 이론 인지도 파악 ▷학습 평가 실시(필기시험)

문제

1. 커피 페이퍼 필터를 최초로 고안하여 상용화한 사람은?
   ① 린네　　　② 멜리타 벤츠　　　③ 베제라　　　④ 앨런 애들러

2. 드리퍼에 있는 리브의 역할을 바르게 설명한 것은?
   ① 커피가루 사이에 있는 공기를 원활히 배출시키는 역할을 한다.
   ② 드리퍼의 내구성을 높이는 역할을 한다.
   ③ 접촉면을 높여 물이 빠지는 시간을 길게 하는 역할을 한다.
   ④ 리브를 많이 만들어 유속을 느리게 하여 진한 커피를 뽑게 한다.

3. 핸드드립을 위하여 필터를 올려놓고 분쇄된 커피를 담는 도구를 무엇이라 하는가?
   ① 리브　　　② 포트　　　③ 서버　　　④ 드리퍼

정답　1. ②　2. ①　3. ④

일본식 브루잉

- 일본식 추출법을 익힌다.
- 추출 변수에 따른 향미의 차이를 이해한다.

1 일본식 드립법

'핸드드립(Hand drip)' 혹은 '드립(Drip)'으로 알려진 커피 추출 방법은 일본에서 사용되는 추출 방식이다. 장인정신을 기반으로 드립 주전자를 사용해 물줄기를 정교하게 조절하면서 추출하는 방식이다. 추출하는 모든 과정과 동작을 중시한다.

폴오버 방식은 핸드드립 방식과 단번에 붓기 방식 모두를 포함한다. 핸드드립은 떨어지는 물이 커피가루 층을 최대한 흐트러지지 않도록 살며시 얹는 느낌으로 부어주는 반면, 단번에 붓기 방식은 커피가루와 물이 잘 섞일 수 있도록 거칠게 부어주거나 스틱으로 저어준 후 추출을 기다리는 방식이다. 이렇게 물을 붓는 방식의 차이에 따라 맛이 달라지는데 이것이 맛이 좋고 나쁨을 의미하는 것은 아니다.

2 일본식 드립 추출의 기본 동작

1) 핸드드립 시 자세가 중요한 이유

본인이 추출하기 편안한 자세가 가장 좋은 자세라고 할 수 있지만, 추출의 기본기를 배우기 위한 초반에는 기본자세를 익히는 것이 무엇보다 중요하다.

2) 기본자세

① 안정적인 자세로 물줄기를 조절하기 위해 다리는 어깨 넓이로 벌리고 오른발을 왼발의 끝부분까지 뒤로 빼준다.
② 주먹이 들어갈 정도의 간격을 두고 팔을 어깨에 가볍게 붙인다.
③ 왼발에 무게 중심을 주면서 왼쪽 무릎을 살짝 구부리고 오른 쪽 어깨를 뒤로 약간 빼준 후 왼손을 테이블에 살짝 올려놓아 몸이 흔들리지 않도록 한다.
④ 팔에 힘을 빼고 엄지와 드립주전자 꼭지와 주둥이가 일직선이 되도록 오른손으로 드립주전자를 잡는다.

⑤ 물이 담긴 드립주전자는 자연스럽게 약간 높이 들고 시선은 주전자 주둥이 끝에 둔다.
⑥ 허리는 세운다.
⑦ 손목이 아닌 팔 전체를 이용하여 원을 그리듯이 돌리며 물을 커피 가루 층에 부어준다.

3) 드립 물줄기 조절

① 드립 주전자를 자연스럽게 들고 팔 전체를 내리듯이 드립 주전자를 아래로 천천히 내린다. 포트 주둥이 끝에 물이 고이면 포트를 잠시 멈춘 다음 검지와 엄지손가락의 힘을 살짝 빼면서 물줄기가 끊어지지 않게 미끄러지듯이 커피 가루 층에 수직으로 떨어트린다.
② 물줄기의 굵기는 항상 가는 것이 좋은 것이 아니라 의도한 대로 조절할 수 있어야 하며 회전할 때도 물줄기가 출렁거리지 않고 흔들림이 없어야 원활한 추출을 할 수 있다.
③ 드립주전자 주둥이 끝과 커피가루 층과의 높이는 되도록 가까운 것이 좋으나, 낙차와 물줄기의 굵기를 적절히 조절하여 물줄기가 꼬이지 않고 일직선으로 나와 커피가루 층에 얹어지는 느낌으로 닿게 하여야 추출이 원활하게 이루어진다.

3 기본 실습

준비물

중볶음 원두, 커피 그라인더, 칼리타 드리퍼, 서버, 필터(종이), 계량스푼, 저울, 온도계, 스톱워치, 전기포트, 커피 잔

추출 조건

로스팅 : 중볶음
분쇄도 : 0.5mm ~ 0.7mm
커피 양 : 12g

물 양 : 150ml

1) 사전 준비

① 드리퍼와 서버 그리고 커피 잔은 뜨거운 물을 부어 미리 예열해둔다. 접은 필터를 드리퍼에 넣고 분쇄된 커피를 담는다.

② 드리퍼를 좌우 또는 앞뒤로 가볍게 흔들어 커피가루의 표면을 평평하게 해준다. 과도한 힘이 전해져 어느 한쪽으로 가루가 쌓이게 되면 과다 추출될 수 있으므로 한 손만을 사용해 수평으로 흔들어주어야 한다.

2) 뜸들이기(적시기 또는 불림 과정)

③ 커피 층 중심부에 아주 소량의 물을 부은 후 천천히 바깥쪽으로 이동시킨다.

④ 커피가루의 중심에 소량의 물을 '살짝 얹는다'는 기분으로 붓는다. 본격적으로 추출을 하기 전에 미리 약간의 물을 부어 추출이 원활하게 진행되도록 하는 것으로 물의 양은 커피의 상태에 따라 다르지만 사용한 커피 원두 량과 같은 정도면 적당하다.

⑤ 물을 부은 후에는 커피가루가 충분히 팽창하기를 기다린다. 팽창이 끝날 때까지는 대략 30~40초가 소요되며 표면에 미세한 균열이 생기기 시작하고 살짝 꺼지는 순간을 잡아 본격적으로 추출을 시작한다.

3) 추출(1차 - 2차 - 3차 - 4차 추출)

⑥ 1차 추출은 물을 가운데부터 가늘고 끊어지지 않도록 천천히 부어준 후 바깥쪽으로 갈수록 조금 빠르게 나선형으로 돌려나간다.

⑦ 2차 - 3차 - 4차 추출 : 1차 추출 후 거품이 가라앉기 전에 2차 추출을 시작한다. 물은 1차 추출 때보다는 조금 굵고 빠르게 나선형으로 돌려나간다. 2차, 3차, 4차로 갈수록 드립주전자의 물줄기는 조금 더 굵고, 조금 더 빠르게 한다.

⑧ 서버에 원하는 커피 액량이 추출되었다면 추출 횟수에 관계없이 드리퍼를 서버에서 빠르게 내려 추출을 멈춘다.

4 응용 실습

1) 볶음도

추출 조건

분쇄도 : 0.5~0.7mm

커피 양 : 20g

물 양 : 180ml

물 온도 : 92℃

약볶음(Medium roasting)　　중볶음(City roasting)　　강볶음(Full city roasting)
　Agtron #75이상　　　　　　Agtron #55~#60　　　　　　Agtron #50~#55

- 약, 중, 강볶음 커피의 향미 특성을 파악하고, 추출 이론을 적용한 추출 실험을 통해 볶음도별 최적의 추출 결과값을 찾는다.

※ 추출 과정은 '기본 실습'에서 제시한 방법을 바탕으로 한다.

향미	약볶음	
	중볶음	
	강볶음	
	기타	

2) 분쇄도

추출 조건

로스팅 : 중볶음
커피 양 : 20g

물 양 : 180ml
물 온도 : 92℃

가는 분쇄
(Fine)

중간 분쇄
(Regular)

굵은 분쇄
(Coarse)

- 고운, 중간, 굵은 분쇄도에 따른 커피의 향미 특성을 파악하고 추출 이론을 적용한 추출 실험을 통해 분쇄도별 최적의 추출 결과값을 찾는다.

※ 추출 과정은 '기본 실습'에서 제시한 방법을 바탕으로 한다.

향미	가는 분쇄	
	중간 분쇄	
	굵은 분쇄	
기타		

3) 물 온도

추출 조건

로스팅 : 중볶음 뜸들이기 : 40초
분쇄도 : 0.5~0.7mm
커피 양 : 20g

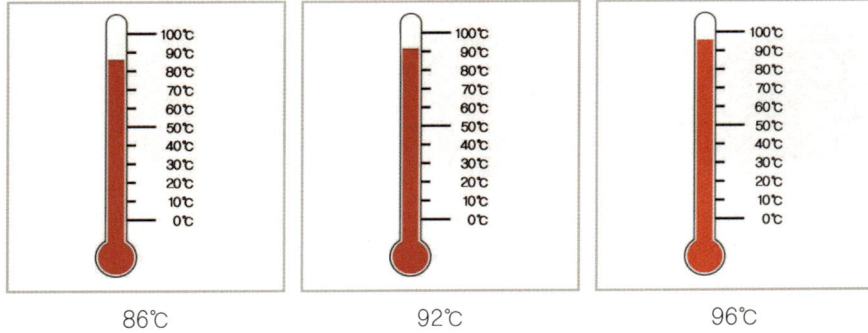

86℃   92℃   96℃

- 물 온도 조건에 따른 향미 차이를 파악하고 실험 원두의 과다, 과소, 적정 추출의 결과값을 찾는다.

※ 추출 과정은 '기본 실습'에서 제시한 방법을 바탕으로 한다.

향미	86℃	
	92℃	
	96℃	
기타		

4) 뜸 들이는 시간

추출 조건

로스팅 : 중볶음 물 양 : 180ml
분쇄도 : 0.5~0.7mm 물 온도 : 92℃
커피 양 : 20g

| | 뜸들이지 않기 | 1분 | 3분 |

- 뜸들이기 시간의 조건에 따른 향미 차이를 파악하고 실험 원두의 과다, 과소, 적정 추출의 결과값을 찾는다.

※ 추출 과정은 '기본 실습'에서 제시한 방법을 바탕으로 한다.

향미	뜸 들이지 않기	
	1분	
	3분	
	기타	

5 심화 실습(응용 이론 적용)

1) 추출량의 차이

추출 조건

로스팅 : 중볶음　　　　　물 양 : 180ml
분쇄도 : 0.5~0.7mm　　　물 온도 : 92℃
커피 양 : 20g　　　　　　뜸들이기 : 40초

① 실험			② 실험			③ 실험			④ 실험		
1차	2차	3차	1차	2차	3차	1차	2차	3차	1차	2차	3차
50	50	50	50	50	100	50	100	50	100	50	50

- 1차, 2차, 3차 추출된 커피 각각의 향미 차이를 파악하고 실험 원두의 과다, 과소, 적정 추출의 결과값을 찾는다.
- 물줄기는 가늘고 빠르게 추출한다.

※ 추출 과정은 '기본 실습'에서 제시한 방법을 바탕으로 한다.

향미	①	
	②	
	③	
	④	
	기타	

 강의안

교과명	폴오버 브루잉 I	단원	일본식 브루잉	차시	4
교육 목적	▷일본식 드립법과 폴오버에 대해 이해하고 설명할 수 있다. ▷다양한 추출 변수에 대한 실험으로 추출의 기본 원리를 이해한다. ▷핸드드립의 기본 이론을 숙지한다.					
수업 자료	▷핸드드립 기본 도구 • 칼리타 드리퍼, 필터(드리퍼에 적합한 필터) • 기타 추출 도구 : 저울, 온도계, 타이머, 계량스푼, 드립포트, 서버, 전기포트 등 • 약, 중, 강볶음 커피					

학습 단계	수업 내용	교수-학습 활동	지도상의 유의점
도입	▷핸드드립 경험 확인 및 지식 사전 평가 ▷수업 목표 제시 ▷핸드드립 기본 개념 정리	1. 선수 지식 파악 • 핸드드립용 칼리타 드리퍼 사용 경험 확인 2. 목표 및 수업 내용 제시 3. 기본 개념 및 용어 정리	▷학습자의 핸드드립 이론 지식 수준 사전 파악 ▷수업 내용 목표 제시 ▷PPT 자료 활용
전개	▷일본식 드립법의 방법과 특징 설명	1. 일본식 추출 방식과 폴오버 브루잉 방식에 대한 비교 2. 일본식 드립법에 대한 기본 실습	▷집중도가 떨어지지 않도록 질문과 체크 요함 ▷그룹별 실습
	▷추출 특성 파악을 위한 실험	1. 뜸들이기 시간에 따른 향미 특성 파악 2. 물 온도 차이에 따른 향미 특성 파악 3. 커피와 물의 접촉 시간에 따른 향미 특성 파악	
	▷응용 이론 ▷추출 실습 정리	1. 약, 중, 강하게 로스팅된 원두의 추출 시 주의사항과 향미 특성 서술, 향미 특성 표현	
실습 평가 및 정리	▷학습내용 정리 및 평가	1. 일본식 드립법 추출에 대한 정리 후 마무리 2. 과정 이수 정도를 파악하기 위한 평가 실시(필기시험)	▷학습자의 이론 인지도 파악 ▷학습 평가 실시(필기시험)

문제

1. 핸드드립 추출 시 커피에 물을 주입하는 과정이다. 틀리게 설명한 것은?
    ① 물은 가능한 커피와 가까운 위치에서 조심스럽게 부어준다.
    ② 물을 붓는 위치를 계속 이동시키기 위해 나선형으로 부어준다.
    ③ 필터에 물을 직접 붓는다.
    ④ 드리퍼 안의 물을 마르게 해서는 안 된다.

2. 보통 핸드드립으로 커피를 추출할 경우 크게 고려하지 않아도 되는 것은?
    ① 신선하고 좋은 재료
    ② 커피 추출량에 적합한 커피의 양
    ③ 추출하는 물의 온도와 뜸 들이는 시간
    ④ 물을 끓이는 시간과 커피에 가해지는 압력

3. 핸드드립 추출의 첫 번째 단계인 뜸들이기에 대한 설명 중 올바른 것은?
    ① 뜸 물을 부어 약 30초 뜸 들이는 동안 30ml 가량이 추출된다.
    ② 뜸 없이 커피를 추출하면 가용성 성분이 충분히 용해되지 않아 충분한 커피의 맛을 내기 어렵다.
    ③ 투과식으로 추출할 경우에는 뜸 물은 필터가 밀착된 드리퍼 벽면에 부어도 향미에 아무런 영향이 없다.
    ④ 뜸 물을 부었을 때 로스팅한 지 오래된 커피는 산폐로 인한 가스 분출로 많이 부풀어 오른다.

4. 추출의 3대 원리 가운데 커피 입자에 스며든 물에 녹아들어 있던 커피의 수용성 성분이 커피 입자의 밖으로 나오도록 하는 것을 무엇이라 하는가?
    ① 침투   ② 용해   ③ 분리   ④ 확산

5. 물과 커피가 만나면서 물이 커피 입자의 내부로 스며드는 현상을 무엇이라 하는가?
    ① 침투   ② 확산   ③ 용해   ④ 불림

문제

6. 드립 여과 방식 커피 추출에서 커피에 수분과 열을 균일하게 주어 다공질의 가루를 팽창시켜 성분이 추출되기 쉬운 상태로 만들어주기 위한 작업에 해당하는 가장 적절한 용어를 고르시오?

   ① 용해　　　② 나선형 주입　　　③ 뜸들이기(불림)　　　④ 확산

7. 핸드드립에서 물과 커피가루의 접촉 시간에 영향을 주는 요소가 아닌 것은?

   ① 커피 입자 크기　　② 드리퍼의 종류
   ③ 필터의 재질　　　④ 서버의 종류

8. 핸드드립으로 커피를 추출할 경우 그라인딩된 커피가루 표면에 발생하는 거품에 대한 설명으로 옳지 않은 것은?

   ① 표면에 떠오르는 거품은 잡미를 포함하고 있다.
   ② 신선하지 않은 원두는 가스가 빠져나가 거품이 표면에 나오지 않는다.
   ③ 추출 시 커피가루 표면에 발생하는 거품은 작고 고울수록 좋다.
   ④ 드립 추출 시 가루 표면에 발생한 거품은 향기 성분을 많이 포함하고 있기 때문에 드리퍼의 물이 완전히 빠질 때까지 서버에 올려놓는다.

9. 드립 추출 시 커피가루에 작용하는 힘이 아닌 것은?

   ① 표면장력　　　② 중력
   ③ 증기압력　　　④ 탄산가스에 의한 원두가루의 팽창력

10. 일정한 속도와 양의 물을 드리퍼에 부었을 경우, 물이 빠져나가면서 추출이 진행되는 속도에 가장 크게 관여하는 것은?

    ① 커피의 그라인딩 정도　　　　② 필터의 재질
    ③ 물의 온도　　　　　　　　　④ 리브의 높이

정답　1. ③　2. ④　3. ②　4. ④　5. ①　6. ③　7. ④　8. ④　9. ③　10. ①

Chapter 5

폴오버 브루잉 II

✚ 스위트 브루잉

스위트 브루잉

- 스위트 브루잉의 정의와 추출 원리를 이해한다.
- 다양한 스위트 브루잉 추출 방법을 숙지한다.
- 다양한 스위트 브루잉으로 추출한 커피 용액의 음용 방법을 숙지한다.

1 스위트 브루잉의 개요

스위트 브루잉(Sweet brewing)이란, 폴오버 브루잉의 카테고리 중 적은 액량을 추출하는 경우이다. 드리퍼에 달팽이 그리듯 물을 투과시키는 투과식 스위트 드립, 분쇄 커피가 들어 있는 드리퍼에 단번에 뜨거운 물을 붓고 추출된 커피 용액을 다시 드리퍼 위에 되붓는 방식, 그리고 적은 양의 물로 커피를 침지하는 방식 등이 있다.

첫째, 투과식 스위트 드립이란 드리퍼가 개발된 초기 유럽에서 사용하던 브루잉 방식과 일본에서 변형되어 나타난 일본식 핸드드립 방법과는 구별되는 이정기 선생이 고안한 드립 방법이다. 일본식 핸드드립은 추출 초기에 나타날 수 있는 강렬한 향과 함께 어느 정도의 자극적인 신맛을 가지면서 깨끗한 맛을 추구한다. 하지만 투과식 스위트 드립은 처음부터 끝까지 이어지는 부드러운 향미를 지향하며, 에스프레소에 작용하는 투과 원리와 유사한 방식을 취한다. 커피는 거의 제자리를 지키고 물이 커피 입자들 사이로 스며들어서 통과해 지나가는데, 물붓기가 매우 조심스럽고 까다로운 방식이다. 그렇지만 커피에서 기분이 좋게 느껴지는 산미와 달콤한 맛 또는 구수한 맛(품종에 따라 달콤한 맛이 덜 나는 경우는 구수한 맛을 추출한다)을 추출한다는 목표를 가지고 이 추출 방식을 익힌다면 유익한 방법 중 하나이다.

투과식 스위트 드립은 먼저, 커피에 물을 부어 분쇄 커피를 골고루 적셔준다. 이때의 물 붓기는 가급적 95℃가 넘는 물을 사용하여 달팽이 그리듯 얇은 물 한 판을 커피 위에 살짝 올려놓는다는 기분으로 붓되, 30초 정도 지나 물이 다 흘러내려갔을 때 서버의 바닥을 흥건하게 할 정도가 좋다. 이때 붓는 물은 커피의 수용성 성분이 충분이 용해될 수 있도록 골고루 적셔주는 것을 목적으로 한다. 물이 분쇄 커피 입자 속으로 고르게 침투할 수 있도록 하는 것이 중요하다. 이때 붓는 물을 '뜸임물'이라고도 한다.

'달팽이 그리듯'이라는 의미는 달팽이의 선이 중복되어 가로지르지 않는 모양을 말한다. 물 부은 선이 중복(교차)되면 원하는 맛을 만들어 내기 어렵기 때문이다.

둘째, 단번에 물을 붓는 방식은 위의 일체의 요령을 배제하고 한꺼번에 물을 커피 위로 쏟아 붓는 방식이다. 서버에 중간 분쇄(0.7~1.0mm) 커피가 들어 있는 드리퍼를 놓고 단번에 뜨거운 물을 붓는다. 그리고 드리퍼 아래 서버에 추출된 커피를 다시 처음 드리퍼 위에 되붓게 하는 방식이다. 추출된 액을 다시 되붓는 횟수에 따라 더블(Double, 2번), 트리플(Triple, 3번), 퀸터플(Quintuple, 5번) 폴오버 스위트 브루잉(Pour Over Sweet Brewing)이 있다.

셋째, 침지 방식을 이용하는 스팁드 스위트 브루잉(Steeped Sweet Brewing)이 있다. 침지식 커피 추출 도구를 사용하여 커피를 추출할 때 침지에 사용하는 물의 양을 최소한으로 줄여 커피 농도차이에 의한 가용성분의 확산을 최대한 자제하여 추출하는 방법이다.

스위트 브루잉 도구들

드리퍼
드리퍼 안에 종이필터를 장착하여 드리퍼의 각도와 리브가 물의 유속을 적절히 하여 커피 용액을 추출하는 도구이다. 추출하는 사람에 따라 같은 커피라도 다른 향미의 커피를 추출할 수 있다.

플란저(프렌치프레스)
1933년 이탈리아 칼리멘(Calimen)에 의해 개발되었으나 2차 세계대전 이후인 1950년대 프랑스 메리오르사가 가정용 홈메이드 커피 추출 도구로 대중화시켰고, 그 후 메리오르사가 덴마크 보덤사로 합병되면서 보덤사의 브랜드명이 도구의 이름으로 대용되고 있다.

클레버
멜리타 드리퍼 이래로 종이필터를 이용한 드리퍼들은 커피의 향미를 조절하기 위해 추출자의 기술과 숙련이 필요하다. 반면 클레버드리퍼는 추출구 아래의 차단 장치(Shut off system)로 인해 추출하는 사람이 누구라도 원하는 향미를 추출하고 재현할 수 있다.

 기본 실습

1) 투과식 스위트 브루잉

준비물

볶음도별 커피(약, 중, 강), 커피 그라인더, 드리퍼, 종이필터, 서버, 온도계, 스톱워치, 저울(0.1g 측정 가능), 클레버드리퍼, 프렌치프레스, 드립용 주전자

추출 조건

로스팅 : 약볶음, 중볶음, 강볶음 물 양 : 주전자에 70% 정도 채우지만 사용량은 일부이다.

분쇄도 : 0.7~1.0mm 물 온도 : 약-100℃, 중-96℃, 강-92℃

커피양 : 8g

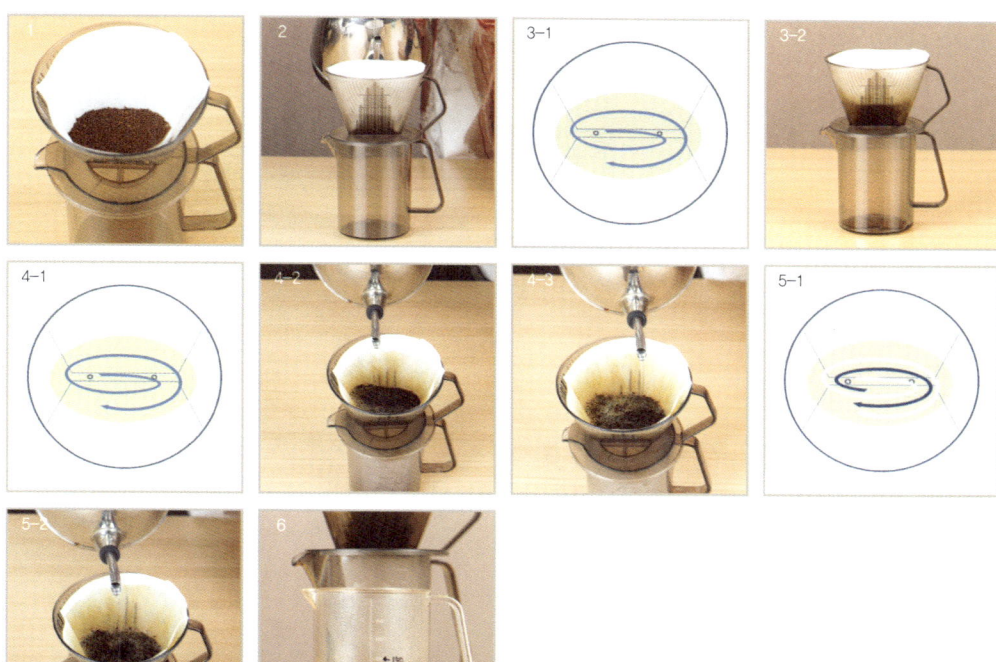

① 드리퍼에 약볶음 커피 8g을 담고 수평을 맞춘다.
② 달콤한 성분을 최대한 추출하기 위해 매우 높은 온도가 필요하므로 끓인 물을 주전자로 옮기지 말고 주전자 채로 사용한다.
③ 녹임물이 서버의 밑바닥을 흥건히 적실 정도로 안에서 바깥으로 두 바퀴 정도 그린다.
④ 1분 30초(최소한의 시간) 정도의 시간이 지나면 안에서 바깥으로 빠른 속도로 두 바퀴 돌리는데 가운데 부분은 천천히, 나오면서는 빠르게 추출한다. 추출된 양은 대략 10~20ml(강볶음일 경우 25~40ml) 정도가 적당하다.
⑤ 1분이 지난 후 폭 넓고 재빠르게 한 바퀴의 원을 그린다. 여기서 1분을 기다리는 이유는 커피 입자 속의 수용성 성분들이 입자의 표면으로 나오는 시간이다. 이때는 가스가 나오는 시간이 필요 없으므로 1분 정도면 될 것이다. 시간은 커피의 상태에 따라 조금씩 달라지겠지만 큰 차이는 없을 것이다.
⑥ 10초 정도 기다려 드리퍼를 격리시킨 후 전체 추출량이 대략 15~25ml가 적당하다. 중볶음은 25~35ml, 중강볶음은 30~50ml 정도이며 희석 시 약볶음은 커피 양의 15~25배, 중볶음은 8~20배, 강볶음은 5~10배가 적절하다.

향미	약볶음	
	중볶음	
	강볶음	
기타		

3 응용 실습

1) 단번에 붓고 되붓는 방식 –
더블 폴오버 스위트 브루잉(Double Pour Over Sweet Brewing)

준비물

볶음도별 커피(약, 중, 강), 커피 그라인더, 드리퍼, 종이필터, 서버 2개 이상, 온도계, 스톱워치, 저울(0.1g 측정 가능), 전기주전자

추출 조건

로스팅 : 중볶음(또는 약볶음, 강볶음)   물 양 : 100ml

분쇄도 : 1.0mm   물 온도 : 약-100℃, 중-96℃, 강-92℃

커피 양 : 24(또는 15)g (Tip. 초보자는 15g부터 익힌 후 24g을 한다.)

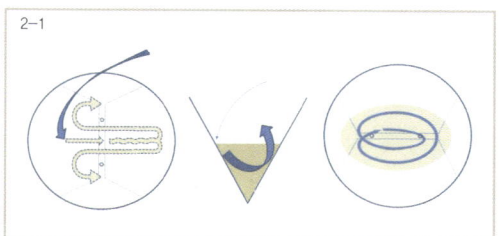

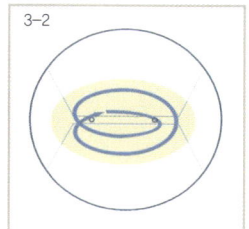

① 중볶음(또는 약볶음 또는 강볶음) 커피 24g(15g)을 드리퍼에 안착시킨다.

② 데우지 않은(약볶음의 경우는 예열한 서버를 사용) 서버에 팔팔 끓는 물 100ml를 커피가 골고루 적셔지도록 단번에 부어준다(혹은 투과식 스위트 브루잉처럼 안에서 밖으로 원을 돌리거나 지그재그로 붓는다). 얇은 물줄기로 부으면 물 빠짐이 오래 걸려 고분자 성분의 날카로운 신맛이 나오니 주의한다. 물 온도는 사용하는 커피의 볶음도에 따라 조절 가능하다.

③ 3분(15g의 커피를 사용한 경우는 4분) 정도가 지나 추출액이 다 내려오면 커피 찌꺼기가 남아 있는 상부의 드리퍼를 그대로 다른 새 서버 위로 옮긴다. 이미 추출된 커피 액으로 다시 한 번 되붓기한다. 이때 기다리는 시간은 커피의 볶음도와 분쇄 입자 상태에 따라 길게 또는 짧게 조절 가능하다. 2차 추출을 시작하기 전에 3~4분 정도 간격을 두면, 쓴맛은 더 늘지 않지만 좀 더 진한 커피를 만들 수 있다.

만약 분쇄 입자가 굵은 경우라면 다음에 주의해야 한다. 1차 추출 때 커피 미분에 의해 필터의 아래가 막힐 수 있기 때문에 추출이 느리게 진행될 수 있다. 최종 추출 액량이 대략 45~50ml(60ml) 정도가 된다.

④ 최종 추출액에 120ml까지 희석하여 즐기면 된다. 기호에 따라 희석 비율을 높이거나 낮추어 농도를 조절하면 된다.

2) 단번에 붓고 되붓는 방식 – 트리플/퀸터플 폴오버 스위트 브루잉(Triple/Quintuple Pour Over Sweet Brewing)

준비물

약볶음 커피, 커피 그라인더, 드리퍼, 종이필터, 서버, 온도계, 스톱워치, 저울(0.1g 측정 가능), 전기주전자

추출 조건

로스팅 : 약볶음
분쇄도 : 1.0mm
커피 양 : 24g

물 양 : 100ml
물 온도 : 100℃

① 약볶음 커피 24g을 드리퍼에 담은 후 수평을 만든다.
② 예열된 서버에 팔팔 끓는 물 100ml를 준비한다.
③ 드리퍼를 서버 위에 올리고, 드리퍼의 가로면에 물을 빠르게 단번에 붓는다. 또 투과식 스위트 브루잉처럼 안에서 밖으로 원을 돌리거나 지그재그로 붓는다. 얇은 물줄기로 천천히 부으면 물 빠짐이 오래 걸려 고분자 성분의 날카로운 신맛이 나오니 주의한다.
④ 2분 정도가 지난 후 추출액이 다 내려오면 커피 찌꺼기가 남아 있는 상부의 드리퍼를 그대로 다른 새 서버 위로 옮긴다. 이미 추출된 커피 액으로 다시 한 번 되붓는다. 이때 기다리는 시간은 커피의 볶음도와 분쇄 입자 상태에 따라 길게 또는 짧게 조절 가능하다.
⑤ 다시 2분 정도가 지나면 두 번째 받은 추출액으로 다시 되붓기(3차)한다.
⑥ 추출액이 다 내려오면 드리퍼를 격리시킨다. 전체 추출양이 대략 40~45ml가 되면 좋다. 희석은 커피 사용량의 약볶음은 15~25배, 중볶음은 8~20배가 적절하다.
※ 퀸터플 폴오버 스위트 브루잉(Quintuple Pour Over Sweet Brewing)은 ⑤번 동작을 2번 더 한다.

향미	Double	
	Triple	
	Quintuple	
기타		

3) 침지 방식 스위트 브루잉(Steeped Sweet Brewing)

(1) 프렌치프레스(French Press)

준비물

프렌치프레스, 중볶음 커피(또는 약볶음 또는 강볶음), 저울, 전기주전자, 서버(또는 머그컵), 교반스틱

추출 조건

로스팅 : 중볶음
분쇄도 : 0.7~1.0mm
커피 양 : 20g

물 양 : 120ml
물 온도 : 95℃
추출 시간 : 6분

① 프렌치프레스를 준비한다. 이때 볶음도가 약한 커피는 프렌치프레스를 미리 예열해둔다.
② 프렌치프레스에 커피가루 20g을 담고 그 위에 사용하는 커피가루 양의 6배의 뜨거운 물을 붓는다.
③ 교반을 한다. 교반은 교반스틱으로 젓거나 뚜껑을 닫고 프레스는 누르지 않은 상태로 프레

치프레스 본체를 회전시키는 방법 등이 있다.

④ 물을 붓고 6분 후, 프렌치프레스의 상부 프레스를 누른 후 찌꺼기가 나오기 전까지의 추출액을 서버에 따라낸다.

⑤ 기호에 따라 희석할 수 있다.

(2) 클레버드리퍼(Clever dripper)

준비물

클레버드리퍼, 중볶음 커피(또는 약볶음 또는 강볶음), 저울, 전기주전자, 서버(또는 머그컵), 교반스틱

추출 조건

로스팅 : 중볶음
분쇄도 : 0.7~1.0mm
커피 양 : 20g

물 양 : 100ml
물 온도 : 95℃
추출 시간 : 4분

① 볶음도가 약한 커피는 클레버드리퍼를 미리 예열해둔다.
② 클레버드리퍼에 종이필터를 장착하고 커피가루 20g을 담은 후 그 위에 커피가루 사용량의 5배의 뜨거운 물을 붓는다.
③ 교반을 한다.
④ 물을 붓고 4분 후, 클레버드리퍼를 서버 위에 올려 추출된 커피용액을 분리한다.
⑤ 기호에 따라 희석할 수 있다.

향미	프렌치프레스	
	클레버드리퍼	
	기타	

※ 스위트 브루잉의 다양한 방법들에 대한 향미 비교

향미	Sweet Drip	
	Double pour over	
	Triple pour over	
	Quintuple pour over	
	Steeped Sweet Brewing	
	기타	

 강의안

교과명	폴오버 브루잉 Ⅱ	단원	스위트 브루잉	차시	5
교육 목적	스위트 브루잉의 정의와 추출 원리를 이해한다. 다양한 스위트 브루잉 방법을 숙지한다. 다양한 스위트 브루잉으로 추출한 커피 용액의 음용 방법을 숙지한다.					
수업 자료	볶음도별 원두커피, 커피 그라인더, 드리퍼, 클레버드리퍼, 프렌치프레스, 드립용주전자, 종이필터, 서버, 온도계, 스톱워치, 저울(0.1g 측정 가능), 커핑 스푼 또는 시음 잔, PPT 자료					

학습 단계	수업 내용	교수-학습 활동	지도상의 유의점
도입	▷커피 일반 추출 이론 사전 평가 ▷수업 목표 제시	1. 스위트 브루잉의 정의를 물어본다. 2. 투과식 스위트 브루잉을 강사가 추출하여 나누어 마셔본다.	▷학습자의 추출 이론 지식 사전 파악 ▷수업 내용 목표 제시
전개	▷커피 추출 이론 ▷스위트 브루잉 추출 원리 설명	1. 스위트 브루잉 추출 정의와 추출 방식의 원리 이해 2. 투과식 스위트 브루잉 3. 풀오버 더블/트리플/쿼터플 스위트 브루잉 4. 스팁드 스위트 브루잉	▷PPT 자료 활용 ▷집중도가 떨어지지 않도록 질문과 체크 요함
	볶음도에 의한 실험	1. 투과식 스위트 드립 볶음도별/추출 액량에 의한 추출 실험 2. 풀오버 스위트 브루잉을 볶음도에 따른 더블(약, 중, 강)/트리플(중, 약)/쿼터플(약) 추출 실험 3. 스팁드 스위트 브루잉 볶음도에 따른 추출 실험	그룹별 실습
실습 평가 및 정리	추출 이론을 응용하여 추출 설계	여러 실험을 통한 적절한 맛을 찾아본다.	▷학습자의 이론 인지도 파악 ▷팀별 대결에 의한 실습 평가

 강의 보조 자료

1) 스위트 브루잉 : 볶음도별 대 사용된 물의 온도별 향미 비교

중간 분쇄커피 10g 사용

물의 온도 \ 로스팅 정도	약볶음	중볶음	강볶음
98℃ 이상			
92℃ 초과, 98℃ 미만			
92℃ 이하			

투과식 추출 시 커피 상태와 물의 조건의 유기적 관계에 관한 실험이다. 약볶음, 중볶음, 강볶음의 커피를 사용하여 물의 온도 조건을 다양하게 적용하여 실험한다. 더 나아가 커피와 물의 교차 조건에 관한 실험도 진행해볼 수 있다.

2) 스위트 브루잉 : 볶음도별 대 투과된 물의 양에 따른 향미 비교

중간 분쇄커피 10g, 98℃ 이상 물 사용

추출된 커피 \ 로스팅 정도	약볶음	중볶음	강볶음
25ml 이하			
25ml 초과, 50ml 미만			
50ml 이상			

중간 분쇄커피 10g, 92℃ 초과 98℃ 미만 물 사용

로스팅 정도 추출된 커피	약볶음	중볶음	강볶음
25ml 이하			
25ml 초과, 50ml 미만			
50ml 이상			

중간 분쇄커피 10g, 92℃이하 물 사용

로스팅 정도 추출된 커피	약볶음	중볶음	강볶음
25ml 이하			
25ml 초과, 50ml 미만			
50ml 이상			

　투과식 추출 시 커피 상태와 물의 조건의 유기적 관계에 관한 실험이다. 약볶음, 중볶음, 강볶음의 커피를 사용하여 물의 온도 조건과 추출하는 물의 양을 다양하게 적용하여 실험한다. 한 걸음 나아가서 커피와 물의 교차 조건에 관한 실험도 진행해볼 수 있다.

3) 풀오버 더블 스위트 드립 로스팅 정도별 · 투과 시 사용된 물의 온도별

굵은 분쇄커피 질량의 4배의 물 사용

로스팅 정도 물의 온도	약볶음	중볶음	강볶음
98℃ 이상			
92℃ 초과, 98℃ 미만			
92℃ 이하			

굵은 분쇄커피 질량의 8배의 물 사용

로스팅 정도 물의 온도	약볶음	중볶음	강볶음
98℃ 이상			
92℃ 초과, 98℃ 미만			
92℃ 이하			

투과식 추출 시 커피 상태와 물의 조건의 유기적 관계에 관한 실험이다. 약볶음, 중볶음, 강볶음의 커피를 사용하여 물의 온도 조건과 양을 다양하게 적용하여 실험한다. 더 나아가 커피와 물의 교차 조건에 관한 실험도 진행해볼 수 있다.

※ 추출 후 음용 온도에 따른 감각 특성 알아보기

30g의 커피로 침지와 폴오버 더블 드립으로 추출하여 각각 150ml로 희석한 후, 50ml씩 3개로 분리한다. 각각의 고농도 커피에, 미지근한 물과 따끈한 물과 끓는 물을 사용 커피의 성격에 맞도록 희석하여 시음한다.

예) 중볶음 커피라면, 30g의 커피를 굵게 분쇄하여 커피 질량의 5배의 물로 폴오버 더블드립 또는 침지 추출한다. 80ml 정도 추출되면 일단 찬물로 150ml로 희석하여 3개의 서에 50ml씩 나누어 담는다. 이를 다시 120ml씩으로 희석하되 하나는 20℃ 이하로 미지근하게, 다른 하나는 40℃ 정도로 따뜻하게 희석하고, 마지막 하나는 60℃ 이상으로 뜨겁게 희석한 후 온도가 많이 변하기 전에 시음한다.

4) 스팁드 스위트 브루잉 커피 볶음도별·침지 시 사용된 커피의 분쇄도별 프렌치프레스(클레버드리퍼)

중간 분쇄커피 질량의 6배(4배)의 물 사용

로스팅 정도 물의 온도	약볶음	중볶음	강볶음
98℃ 이상			
92℃ 초과, 98℃ 미만			
92℃ 이하			

굵은 분쇄커피 질량의 6배(4배)의 물 사용

로스팅 정도 물의 온도	약볶음	중볶음	강볶음
98℃ 이상			
92℃ 초과, 98℃ 미만			
92℃ 이하			

중간 분쇄커피 질량의 6배(4배)의 물 사용

로스팅 정도 물의 온도	약볶음	중볶음	강볶음
98℃ 이상			
92℃ 초과, 98℃ 미만			
92℃ 이하			

굵은 분쇄커피 질량의 6배(4배)의 물 사용

로스팅 정도 물의 온도	약볶음	중볶음	강볶음
98℃ 이상			
92℃ 초과, 98℃ 미만			
92℃ 이하			

1. 풀오버나 일본식 핸드드립 방식이 커피 추출 초기에 나타나는 강렬한 향과 함께 어느 정도의 자극적 신맛을 가지는 데 반해 처음부터 끝까지 깨끗한 느낌을 추구하는 방식의 드립은?
    ① 뉴드립　　　　　　　　　　　② 스프링드립
    ③ 투과식 스위트드립　　　　　　④ 융드립

2. 유럽식 풀오버나 일본식 핸드드립이 아닌 커피 추출 처음부터 끝까지 면면하게 이어지는 부드러운 향미를 추구하는 방식의 드립은?
    ① 뉴드립　　　　　　　　　　　② 스프링드립
    ③ 투과식 스위트드립　　　　　　④ 융드립

3. 유럽식 풀오버나 일본식 핸드드립에 비해 커피 추출에 사용되는 뜨거운 물의 양이 상대적으로 적고 희석에 의해 부드러운 향미를 추구하는 방식의 드립은?
    ① 뉴드립　　　　　　　　　　　② 스프링드립
    ③ 투과식 스위트드립　　　　　　④ 융드립

4. 드립 방식 중 커피 추출에 사용되는 뜨거운 물의 양이 상대적으로 적고 추출된 커피 원액을 희석해 음용함으로써 처음 커피를 접하는 사람도 무리 없이 마실 수 있는 추출 방식의 드립은?
    ① 뉴드립　　② 스프링드립　　③ 투과식 스위트드립　　④ 융드립

5. 달팽이를 그리듯 주전자를 돌리는 방식의 드립으로, 주전자를 안에서 밖으로만 회전시키는 방식으로 일본식 핸드드립에 비해 커피 추출에 사용되는 뜨거운 물의 양이 상대적으로 적어 물이 커피 층을 투과할 때 침지가 거의 일어나지 않는 추출 방식의 드립은?
    ① 뉴드립　　　　　　　　　　　② 스프링드립
    ③ 투과식 스위트드립　　　　　　④ 융드립

6. 침지식 스위트 브루잉 도구로 적당하지 않은 것은?
    ① 프렌치프레스　　　　　　　　② 스팁드 퍼스널카페
    ③ 클레버　　　　　　　　　　　④ 드리퍼

문제

7. 침지식 스위트 브루잉 도구로 적당하지 않는 것은?
   ① 프렌치프레스　　　　　② 모카포트
   ③ 클레버　　　　　　　　④ 에스프로프레스

8. 침지식 스위트 브루잉 도구로 적당하지 않는 것은?
   ① 프렌치프레스　　　　　② 프레소
   ③ 클레버　　　　　　　　④ 에스프로프레스

9. 폴오버 스위트 브루잉 시 사용하는 도구가 아닌 것은?
   ① 드리퍼　　② 서버　　③ 클레버　　④ 교반스틱

10. 폴오버 스위트 브루잉 시 사용하는 도구가 아닌 것은?
    ① 드리퍼　　　　　　　② 서버
    ③ 클레버　　　　　　　④ 멤브레인필터

정답　1. ③　2. ③　3. ③　4. ③　5. ③　6. ④　7. ②　8. ②　9. ③　10. ④

Chapter 6

각종 도구 사용 I

✚ 사이폰

사이폰

- 사이폰의 유래와 구조, 추출 원리를 이해한다.
- 사이폰을 이용한 다양한 추출 방법을 숙지한다.
- 사이폰을 이용해 추출한 커피 용액의 음용 방법을 숙지한다.

1 도구 개요 및 설명

　1840년경 스코틀랜드의 로버트 네이피어(Robert Napier)가 사이폰의 원형인 진공식 추출 기구를 개발하였다. 이 기구는 플라스크를 가열하여 발생하는 증기압에 의해 뜨거운 물이 가는 연결관을 통해 커피가루를 담은 용기로 이동하여 커피가루와 섞인 후 추출된 액이 불을 끄면 관을 통해 다시 플라스크 쪽으로 돌아오는 원리이다. 그 후 1841년 프랑스의 바슈(M. Vassieux) 부인에 의해 오늘날의 사이폰과 같이 두 개의 유리로 된 구를 상하로 연결한 기구(French balloon)가 만들어졌다고 한다.

　이런 진공식 추출 기구는 배큠 커피 포트(Vacuum coffee pot(maker)), 백 포트(Vac pot), 배큠 브루어(Vacuum brewer), 사이폰 커피 메이커(Siphon coffee maker) 등 명칭이 다양한데, 사이폰(Syphon)이라는 명칭은 1924년 일본인 고노에 의해 상품화에 성공하여 '사이폰'이라는 상품명을 붙인 데서 유래한다. 특히 사이폰은 추출 커피의 향이 좋고 연출 효과가 뛰어나며 산뜻하고 깨끗한 맛을 표현할 수 있다. 사용되는 열원은 가정용으로 쓰이는 알코올램프와 전기식이 있으며 업소용인 할로겐램프와 가스 등이 있다.

사이폰의 구조

① 로드 : 필터가 장착되어 커피가 담겨지고, 아래의 플라스크에서 물이 끓여 올라오면 커피가 추출되는 부분
② 필터 : 사이폰 필터에는 종이필터와 융필터가 있으며, 로드 아래 관에 고정할 수 있는 클립이 달려 있는 것이 특징
③ 플라스크 : 커피추출을 위한 물이 담겨지는 부분으로 로드에서 추출된 커피가 아래로 내려와 담겨지는 서버 역할을 함
④ 램프 : 플라스크의 물을 끓여주기 위한 열원으로 알코올램프, 가스램프, 할로겐램프가 있음
⑤ 손잡이 : 유리 재질로 이루어진 사이폰을 옮기거나 플라스크의 커피를 잔에 따를 때 안전하게 사용할 수 있는 재질로 구성되어 있음

2 유사 관련 도구

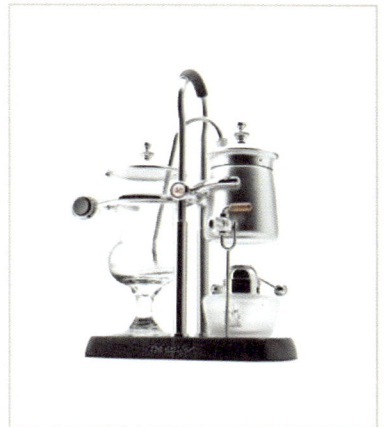
밸런싱 사이폰

모카포트

3 기본 실습

준비물

볶음도별 원두, 커피 그라인더, 사이폰, 사이폰 필터, 대나무 스틱, 알코올램프, 전기포트, 온도계, 스톱워치, 저울(0.1g 측정 가능), 커핑 스푼 또는 시음 잔, PPT 자료

추출 조건

로스팅 : 중볶음
분쇄도 : 0.3~0.5mm
커피 양 : 15g(1인 기준)
물 양 : 150ml
물 온도 : 90℃

① 로드에 필터를 넣고, 필터에 달려 있는 체인을 당긴 다음 클립을 로드 끝에 끼운다.
② 스틱을 이용해서 필터의 위치를 제대로 잡아준다.
③ 플라스크에 뜨거운 물을 채운다.
④ 분쇄한 원두를 로드에 담고 평평하게 흔들어준 뒤, 로드를 플라스크에 장착한다. 알코올램프에 불을 붙인 후 플라스크 아래에 놓는다.

⑤ 물이 전부 올라오면 스틱을 이용해 3~4번 정도 빠르게 섞는다.
⑥ 일정 시간이 흐른 뒤 알코올램프를 끄고, 스틱을 이용해 5~6번 정도 천천히 섞는다.
⑦ 로드의 커피가 플라스크로 내려가면, 분리한 후 잔에 따라 시음한다.

4 응용 실습

1) 물 온도

추출 조건

로스팅 : 중볶음   물 양 : 150ml
분쇄도 : 0.3~0.5mm
커피 양 : 15g(1인 기준)

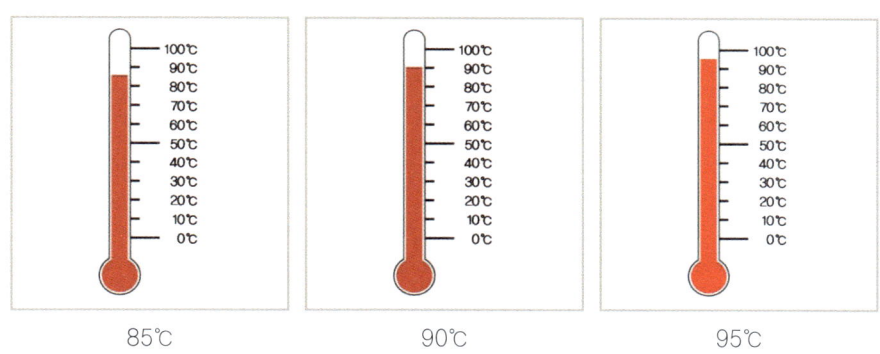

① 로드에 필터를 넣고, 필터에 달려 있는 체인을 당긴 다음 클립을 로드 끝에 끼운다.
② 스틱을 이용해서 필터의 위치를 제대로 잡아준다.

③ 플라스크에 차가운 물을 채운 뒤, 로드를 플라스크에 장착한다. 알코올램프에 불을 붙인 후 플라스크 아래에 놓는다.
④ 물이 전부 올라오면 온도계를 이용해 85℃(또는 90℃, 95℃)가 될 때까지 기다린다.
⑤ 온도가 85℃(또는 90℃, 95℃)가 되면 분쇄원두를 투입한 후 5~6회 정도 천천히 섞어준다.
⑥ 1분 30초정도 기다린 후 다시 5~6회 정도 천천히 섞어준 뒤 알코올램프를 제거한다.
⑦ 로드의 커피가 플라스크로 내려가면, 분리한 후 잔에 따라 시음한다.

향미	85℃	
	90℃	
	95℃	
기타		

2) 추출 시간

추출 조건

로스팅 : 중볶음 물 온도 : 90℃
분쇄도 : 0.3~0.5mm 물 양 : 150ml
커피 양 : 15g(1인 기준)

1분   2분   3분

① 로드에 필터를 넣고, 필터에 달려 있는 체인을 당긴 다음 클립을 로드 끝에 끼운다.
② 스틱을 이용해서 필터의 위치를 제대로 잡아준다.
③ 플라스크에 뜨거운 물을 채운다.
④ 분쇄한 원두를 로드에 담고 평평하게 흔들어준 뒤, 로드를 플라스크에 장착한다. 알코올램프에 불을 붙인 후 플라스크 아래에 놓는다.
⑤ 물이 전부 올라오면 스틱을 이용해 3~4번 정도 빠르게 섞는다.
⑥ 1분(또는 2분, 3분) 동안 기다린 후 다시 5~6회 정도 천천히 섞어준 뒤 알콜 램프를 제거한다.
⑦ 로드의 커피가 플라스크로 내려가면 분리한 후 잔에 따라 시음한다.

향미	1분	
	2분	
	3분	
기타		

3) 사용하는 물 양

추출 조건

로스팅 : 중볶음   물 온도 : 90℃

분쇄도 : 0.3~0.5mm

커피 양 : 15g(1인 기준)

원두사용량의 5배
75ml

원두사용량의 10배
150ml

원두사용량의 15배
225ml

① 로드에 필터를 넣고, 필터에 달려 있는 체인을 당긴 다음 클립을 로드 끝에 끼운다.
② 스틱을 이용해서 필터의 위치를 제대로 잡아준다.
③ 플라스크에 **뜨거운 물(원두 사용량의 5배 또는 10배, 15배)**을 채운다.
④ 분쇄한 원두를 로드에 담고 평평하게 흔들어준 뒤, 로드를 플라스크에 장착한다. 알코올램프에 불을 붙인 후 플라스크 아래에 놓는다.
⑤ 물이 전부 올라오면 스틱을 이용해 3~4번 정도 빠르게 섞는다.
⑥ 1분 30초 정도 기다린 후 다시 5~6회 정도 천천히 섞어준 뒤 알코올램프를 제거한다.
⑦ 로드의 커피가 플라스크로 내려가면, 분리한 후 잔에 따라 시음한다.

향미	5배	
	10배	
	15배	
기타		

4) 분쇄도

추출 조건

로스팅 : 중볶음 물 양 : 150ml

커피 양 : 15g(1인 기준) 물 온도 : 90℃

가는 분쇄(Fine)

중간 분쇄(Regular)

굵은 분쇄(Coarse)

① 로드에 필터를 넣고, 필터에 달려있는 체인을 당긴 다음 클립을 로드 끝에 끼운다.
② 스틱을 이용해서 필터의 위치를 제대로 잡아준다.
③ 플라스크에 뜨거운 물을 채운다.
④ **가는 분쇄(또는 중간 분쇄, 굵은 분쇄)한 원두**를 로드에 담고 평평하게 흔들어 준 뒤, 로드를 플라스크에 장착한다. 알코올램프에 불을 붙인 후 플라스크 아래에 놓는다.
⑤ 물이 전부 올라오면 스틱을 이용해 3~4번 정도 빠르게 섞는다.
⑥ 1분 30초 정도 기다린 후 다시 5~6회 정도 천천히 섞어준 뒤 알코올램프를 제거한다.
⑦ 로드의 커피가 플라스크로 내려가면, 분리한 후 잔에 따라 시음한다.

향미	Fine	
	Regular	
	Coarse	
기타		

4 심화 실습

1) 램프의 종류

준비물

원두커피, 커피 그라인더, 사이폰, 사이폰 필터, 대나무 스틱, 알코올램프, 가스램프, 할로겐램프, 전기포트, 온도계, 스톱워치, 저울(0.1g 측정 가능), 커핑 스푼 또는 시음 잔, PPT 자료

추출 조건

로스팅 : 중볶음
분쇄도 : 0.3~0.5mm
커피 양 : 15g(1인 기준)

물 양 : 150ml
물 온도 : 90℃
추출시간 : 3분

알코올램프   가스램프     할로겐램프

① 로드에 필터를 넣고, 필터에 달려 있는 체인을 당긴 다음 클립을 로드 끝에 끼운다.
② 스틱을 이용해서 필터의 위치를 제대로 잡아준다.
③ 플라스크에 뜨거운 물을 채운다.
④ 분쇄한 원두를 로드에 담고 평평하게 흔들어준 뒤, 로드를 플라스크에 장착한다.
⑤ **알코올램프(또는 가스램프, 할로겐램프)**에 불을 붙인 후 플라스크 아래에 놓는다.

⑥ 물이 전부 올라오면 스틱을 이용해 3~4번 정도 빠르게 섞는다.
⑦ 1분 30초 정도 기다린 후 다시 5~6회 정도 천천히 섞어준 뒤 알콜램프를 제거한다.
⑧ 로드의 커피가 플라스크로 내려가면, 분리한 후 잔에 따라 시음한다.

향미	알코올 램프	
	가스 램프	
	할로겐 램프	
	기타	

2) 원두 투입 시점

추출 조건

로스팅 : 중볶음
분쇄도 : 0.3~0.5mm
커피 양 : 15g(1인 기준)

물 양 : 150ml
물 온도 : 90℃
추출시간 : 3분

원두를 넣은 상태에서 물 가열

① 로드에 필터를 넣고, 필터에 달려 있는 체인을 당긴 다음 클립을 로드 끝에 끼운다.
② 스틱을 이용해서 필터의 위치를 제대로 잡아준다.
③ 플라스크에 뜨거운 물을 채운다.
④ 분쇄한 원두를 로드에 담고 평평하게 흔들어 준 뒤, 로드를 플라스크에 장착한다.
⑤ 알코올램프에 불을 붙인 후 플라스크 아래에 놓는다.
⑥ 물이 전부 올라오면 스틱을 이용해 3~4번 정도 빠르게 섞는다.

⑦ 1분 30초 정도 기다린 후 다시 5~6회 정도 천천히 섞어준 뒤 알코올램프를 제거한다.
⑧ 로드의 커피가 플라스크로 내려가면 분리한 후 잔에 따라 시음한다.

가열된 물이 플라스크에 올라간 후 원두 투입

① 로드에 필터를 넣고, 필터에 달려 있는 체인을 당긴 다음 클립을 로드 끝에 끼운다.
② 스틱을 이용해서 필터의 위치를 제대로 잡아준다.
③ 플라스크에 차가운 물을 채운 뒤, 로드를 플라스크에 장착한다.
④ 알코올램프에 불을 붙인 후 플라스크 아래에 놓는다.
⑤ 물이 전부 올라오면 분쇄원두를 투입한다.
⑥ 분쇄원두를 투입한 후 5~6회 정도 천천히 섞어준다.
⑦ 1분 30초 정도 기다린 후 다시 5~6회 정도 천천히 섞어준 뒤 알코올램프를 제거한다.
⑧ 로드의 커피가 플라스크로 내려가면 분리한 후 잔에 따라 시음한다.

향미	투입 후 가열	
	가열 후 투입	
	기타	

 강의안

교과명	각종 도구 사용 I	단원	사이폰	차시	6
교육 목적	▷사이폰의 유래와 구조, 추출 원리를 이해한다. ▷사이폰을 이용한 다양한 추출 방법을 숙지한다. ▷사이폰을 이용해 추출한 커피 용액의 음용 방법을 숙지한다.					
수업 자료	볶음도별 원두, 커피 그라인더, 사이폰, 사이폰 필터, 대나무 스틱, 알코올램프, 전기포트, 온도계, 스톱워치, 저울(0.1g 측정 가능), 커핑 스푼 또는 시음 잔, PPT 자료					

학습 단계	수업 내용	교수-학습 활동	지도상의 유의점
도입	▷사이폰 커피 추출 원리 설명 ▷수업 목표 제시	1. 사이폰의 유래와 구조에 대해 질문한다. 2. 사이폰 추출 원리를 설명하고, 강사가 추출하여 나누어 마셔본다. 3. 주의사항 및 수업 목표를 제시한다.	▷학습자의 추출 이론 지식 사전 파악 ▷수업 내용 목표 제시 ▷PPT 자료 활용
전개	▷응용 실습	1. 물 온도에 따른 추출 실험 및 향미 평가(85℃, 90℃, 95℃) 2. 추출 시간에 따른 추출 실험 및 향미 평가(1분, 2분, 3분) 3. 사용 물 양에 따른 추출 실험 및 향미 평가(원두 사용량의 5배, 9배, 15배) 4. 분쇄도에 따른 추출 실험 및 향미 평가(가는 분쇄, 중간 분쇄, 굵은 분쇄)	▷집중도가 떨어지지 않도록 질문과 체크 요함 ▷그룹별 실습
	▷심화 실습	1. 램프의 종류에 따른 추출 실험 및 향미 평가(알코올램프, 가스램프, 할로겐램프) 2. 원두 투입 시점에 따른 추출 실험 및 향미 평가(고온 추출, 저온 추출)	

실습 평가 및 정리	▷추출 이론을 응용하여 추출 설계	1. 실험을 통해 가장 적절한 추출법을 찾아 자유 추출한 후 향미 평가 2. 질문 및 정리, 팀별 평가	▷학습자의 이론 인지도 파악 ▷팀별 대결에 의한 실습 평가

문제

1. 1840년 영국에서 처음으로 발명된 진공식 추출 방식으로, 로드의 따뜻한 물이 상부 플라스크로 올라가 커피를 우려내는 도구는?
   ① 프렌치프레스   ② 사이폰   ③ 이브릭/체즈베   ④ 모카포트

2. 사이폰 추출 시 로드를 가열하는 열원으로 일반적으로 사용할 수 없는 것은?
   ① 알코올램프   ② 가스스토브   ③ 할로겐램프   ④ 핫플레이트

3. 사이폰으로 커피를 추출할 때 일반적으로 사용할 수 없는 필터는 무엇인가?
   ① 종이필터   ② 융필터   ③ 유리필터   ④ 금속필터

4. 사이폰의 구성품 중 분쇄커피를 담는 부분의 명칭은 무엇인가?
   ① 로드   ② 플라스크   ③ 알코올램프   ④ 스틱

5. 사이폰의 구성품이 아닌 것은?
   ① 필터바스켓   ② 플라스크   ③ 스틱   ④ 로드

6. 사이폰과 같은 진공여과식 추출 기구의 특성이 아닌 것은?
   ① 침지식 기구로 분류할 수 있지만, 마지막 분리 단계에서는 여과식 형태로 추출된다.
   ② 스틱을 사용하기도 하는데 사용 방법에 따라 맛이 달라지기도 한다.
   ③ 불편하다는 단점도 있지만 연출 효과는 뛰어나다.
   ④ 물의 양은 드립 추출보다는 일반적으로 조금 더 많이 사용한다.

7. 다음 추출 기구 중 가장 높은 온도의 물을 사용하는 추출 기구는?
   ① 프렌치프레스   ② 콜드워터브루어
   ③ 사이폰   ④ 에어로프레스

문제

8. 사이폰으로 커피를 추출할 경우 커피의 농도를 조절할 수 있는 방법이라고 볼 수 없는 것은?
   ① 커피가루의 양과 로스팅 정도　　② 물의 양
   ③ 물과 커피가루의 접촉 시간　　　④ 열원의 종류

9. 사이폰 사용 후 뒷정리 과정에서 바르지 않는 것은?
   ① 깨지기 쉬운 유리 재질이므로 세척이나 보관에 유의한다.
   ② 가루를 씻어낸 필터는 흐르는 물에 잘 씻어 밀폐용기에 깨끗한 물을 담아 냉장 보관한다.
   ③ 플라스크, 로드, 필터는 매번 깨끗하게 중성세제로 잘 씻어준다.
   ④ 플라스크 내부가 커피색으로 변색될 경우 에스프레소 머신 세정제를 살짝 풀어 놓으면 쉽게 복원할 수 있다.

10. 사이폰과 같은 추출 기구의 추출원리는 다음 중 무엇인가?
    ① 침지식 추출　　　　　　　　② 투과식 추출
    ③ 진공여과식 추출　　　　　　④ 가압식 추출

정답　1. ②　2. ④　3. ③　4. ②　5. ①　6. ④　7. ③　8. ④　9. ③　10. ③

Chapter 7

각종 도구 사용 II

✚ 콜드 워터 브루어
✚ 에어로프레스

콜드 워터 브루어

- 콜드 워터 브루어의 유래와 구조, 추출 원리를 이해한다.
- 콜드 워터 브루어를 이용한 다양한 추출 방법을 숙지한다.
- 콜드 워터 브루어를 이용해 추출한 커피 용액의 음용 및 보관 방법을 숙지한다.

1 도구 개요 및 설명

콜드 워터 브루어는 뜨거운 물이 아닌 찬물 또는 상온의 물을 이용하여 장시간에 걸쳐 우려낸 커피를 가리킨다. 더치커피라는 명칭은 네덜란드풍(Dutch)의 커피라 하여 붙여진 일본식 명칭이고, 영어로는 '차가운 물에 우려낸다'는 뜻으로 콜드 브루(Cold brew)라고 한다. 유래에 대해서는 네덜란드령 인도네시아 식민지에서 커피를 유럽으로 운반하던 선원들이 장기간의 항해 도중에 커피를 마시기 위하여 고안한 여러 가지 방법 가운데 하나라고도 하고, 인도네시아에 살던 네덜란드 사람들이 인도네시아산 커피의 쓴맛을 없애기 위하여 고안한 방법이라고도 하지만 정설은 없다.

제조 방식은 전용 기구에 분쇄한 원두를 넣고 찬물 또는 상온의 물에 짧게는 3~4시간, 길게는 8~12시간 정도 우려내 커피 원액을 추출한다. 추출하는 방식에 따라 점적식(點滴式)과 침출식(浸出式)으로 구분한다. 점적식은 용기에서 우려낸 커피가 한 방울씩 떨어지게 하는 방식으로, 이 때문에 더치커피를 '커피의 눈물'이라 부르기도 한다. 침출식은 용기에 분쇄한 원두와 물을 넣고 10~12시간 정도 실온에서 숙성시킨 뒤 찌꺼기를 걸러내 원액을 추출하는 방식이다.

오랜 시간에 걸쳐 추출하기 때문에 뜨거운 물로 짧은 시간에 추출한 일반 커피에 비하여 쓴맛이 덜하며 순하고 부드러운 풍미를 느낄 수 있는데, 원두의 분쇄 정도와 물의 맛, 추출 시간이 중요한 작용을 한다. 추출된 커피 원액은 밀봉해서 냉장 보관하는데, 하루 이틀 정도 저온 숙성하면 풍미가 더 살아난다. 원액을 그대로 마시는 것보다는 입맛에 따라 우유나 시럽 또는 물을 타서 희석하거나 얼음을 넣고 마시는 것이 일반적이다.

콜드 워터 브루어의 구조

① 수조   ② 조절 코크   ③ 로드(여과기)   ④ 필터   ⑤ 플라스크

2. 유사 관련 도구

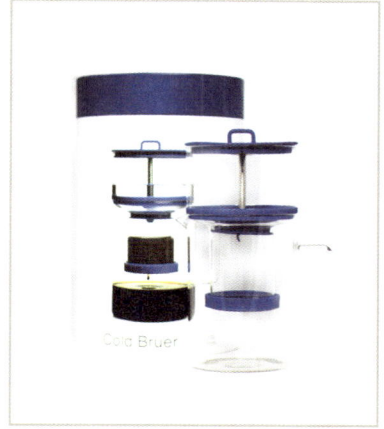

브루어(Bruer)

이와키 콜드 브루(Iwaki Cold Brew)

3 기본 실습

준비물

원두커피, 커피 그라인드, 콜드 워터 브루어, 필터(종이, 천, 금속, 세라믹 등), 저울(0.1g 측정가능), 커핑 스푼 또는 시음 잔, PPT 자료

추출 조건

로스팅 : 중볶음
분쇄도 : 0.5mm
커피 양 : 10g(1인 기준)

물 양 : 100ml
추출 시간 : 8시간

① 로드에 필터를 넣고, 분쇄한 원두를 담고 평평하게 흔들어준다.
② 수조에 얼음이나 차가운 물을 채운다.
③ 코크를 조절해 물이 분쇄커피 중앙에 방울씩 떨어지도록 한다.
④ 4~12시간 경과 후 냉장 보관한다.

 **4 응용 실습**

1) 로스팅 정도

추출 조건

분쇄도 : 0.5mm
커피 양 : 10g(1인 기준)

물 양 : 100ml
추출 시간 : 8시간

약볶음(Medium roasting)
Agtron #75이상

중볶음(City roasting)
Agtron #55~#60

강볶음(Full city roasting)
Agtron #50~#55

① 로드에 필터를 넣고, 분쇄한 원두를 담고 평평하게 흔들어준다.
② 로드에 얼음 또는 차가운 물을 채운다.
③ 코크를 조절해 물이 분쇄커피 중앙에 방울씩 떨어지도록 한다.
④ 4~12시간 경과 후 냉장 보관한다.

향미	약	
	중	
	강	
	기타	

2) 추출 시간

추출 조건

로스팅 : 중볶음   물 양 : 100ml

분쇄도 : 0.5mm

커피 양 : 10g(1인 기준)

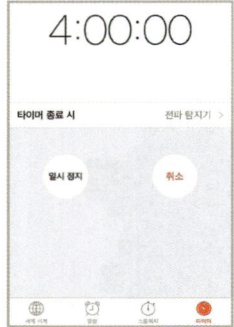 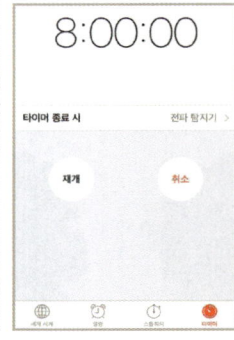 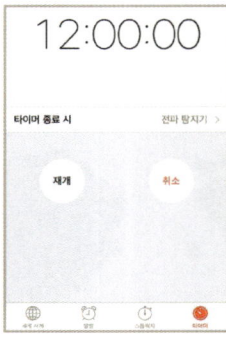

추출 시간 : 4시간   추출 시간 : 8시간   추출 시간 : 12시간

① 로드에 필터를 넣고, 분쇄한 원두를 담고 평평하게 흔들어준다.
② 로드에 차가운 물(얼음물)을 채운다.
③ 코크를 조절해 물이 분쇄커피 중앙에 방울씩 떨어지도록 한다.
④ 4시간(이나 8시간, 12시간) 경과 후 냉장 보관한다.

향미	4시간	
	8시간	
	12시간	
	기타	

3) 사용하는 물 양

추출 조건

로스팅 : 중볶음
분쇄도 : 0.5mm
커피 양 : 10g(1인 기준)

추출 시간 : 4~12시간

원두사용량의 5배 50ml 　　원두사용량의 10배 100ml 　　원두사용량의 15배 150ml

① 로드에 필터를 넣고, 분쇄한 원두를 담고 평평하게 흔들어준다.
② 로드에 **원두 사용량의 5배(이거나 10배, 15배)에 해당하는 차가운 물(얼음물)**을 채운다.
③ 코크를 조절해 물이 분쇄커피 중앙에 방울씩 떨어지도록 한다.
④ 4~12시간 경과 후 냉장 보관한다.

향미	원두사용량의 5배	
	원두사용량의 10배	
	원두사용량의 15배	
	기타	

4) 분쇄도

추출 조건

로스팅 : 중볶음
커피 양 : 10g (1인 기준)

물 양 : 100ml
추출 시간 : 8시간

가는 분쇄(Fine)

중간 분쇄(Regular)

굵은 분쇄(Coarse)

① 로드에 필터를 넣고, **가는 분쇄**(이거나 중간 분쇄, 굵은 분쇄)한 원두를 담고 평평하게 흔들어준다.
② 로드에 차가운 물(얼음물)을 채운다.
③ 코크를 조절해 물이 분쇄커피 중앙에 방울씩 떨어지도록 한다.
④ 4~12시간 경과 후 냉장 보관한다.

	가는 분쇄	
향미	중간 분쇄	
	굵은 분쇄	
	기타	

5 응용 실습

1) 필터의 재질

추출 조건

로스팅 : 중볶음 물 양 : 100ml
분쇄도 : 0.5mm 추출 시간 : 8시간
커피 양 : 10g(1인 기준)

종이필터

금속필터

세라믹필터

① 로드에 **종이필터**(이거나 **금속필터, 세라믹필터**)를 넣고, 분쇄한 원두를 담고 평평하게 흔들어준다.
② 로드에 차가운 물(얼음물)을 채운다.
③ 코크를 조절해 물이 분쇄커피 중앙에 방울씩 떨어지도록 한다.
④ 4~12시간 경과 후 냉장 보관한다.

향미	종이필터	
	금속필터	
	세라믹필터	
	기타	

2) 침지 시간

추출 조건

로스팅 : 중볶음 물 양 : 100ml

분쇄도 : 0.5mm

커피 양 : 10g(1인 기준)

침지 시간 : 4시간

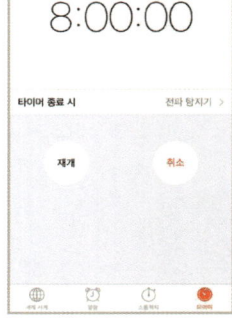
침지 시간 : 8시간

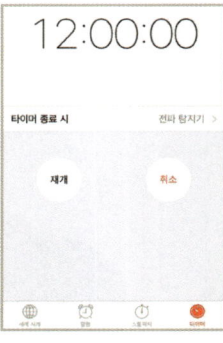
침지 시간 : 12시간

① 용기에 차가운 물을 넣고, 분쇄된 원두를 침지시킨 후 잘 섞이도록 저어준다.

② 4시간(이나 8시간, 12시간) 경과 후 천을 이용해 커피가루를 걸러준 뒤 냉장 보관한다.

향미	4시간	
	8시간	
	12시간	
기타		

 강의안

교과명	각종 도구 사용 II	단원	콜드 워터 브루어	차시	7
교육 목적	▷ 콜드 워터 브루어의 유래와 구조, 추출 원리를 이해한다. ▷ 콜드 워터 브루어를 이용한 다양한 추출 방법을 숙지한다. ▷ 콜드 워터 브루어를 이용해 추출한 커피 용액의 음용 및 보관 방법을 숙지한다.					
수업 자료	원두, 커피 그라인더, 콜드 워터 브루어, 필터(종이, 천, 금속, 세라믹 등), 저울(0.1g 측정 가능), 커핑 스푼 또는 시음 잔, PPT 자료					

학습 단계	수업 내용	교수-학습 활동	지도상의 유의점
도입	▷ 콜드 워터 브루어 추출 원리 설명 ▷ 수업 목표 제시	1. 콜드 워터 브루어의 특징와 구조에 대해 질문한다. 2. 콜드 워터 브루어의 추출 원리를 설명하고, 주의사항 및 수업 목표를 제시한다.	▷ 학습자의 추출 이론 지식 사전 파악 ▷ 수업 내용 목표 제시 ▷ PPT 자료 활용
전개	▷ 응용 실습	1. 물 온도에 따른 추출 실험 및 향미 평가(얼음물, 차가운 물) 2. 추출 시간에 따른 추출 실험 및 향미 평가(4시간, 8시간, 12시간) 3. 사용 물 양에 따른 추출 실험 및 향미 평가(원두 사용량의 5배, 10배, 15배) 4. 분쇄도에 따른 추출 실험 및 향미 평가(가는 분쇄, 중간 분쇄, 굵은 분쇄)	▷ 집중도가 떨어지지 않도록 질문과 체크 요함 ▷ 추출시간이 길다는 특성이 있으므로 추출 실습 후 시음은 다음날 실시 ▷ 그룹별 실습
	▷ 심화 실습	1. 필터의 재질에 따른 추출 실험 및 향미 평가(종이필터, 금속필터, 세라믹필터) 2. 침지 시간에 따른 추출 실험 및 향미 평가(4시간, 8시간, 12시간 침지)	
실습 평가 및 정리	▷ 추출 이론을 응용하여 추출 설계	1. 실험을 통해 가장 적절한 추출법을 찾고 토론 2. 질문 및 정리, 팀 별 평가	▷ 학습자의 이론 인지도 파악 ▷ 팀 별 대결에 의한 실습 평가

문제

1. 다음 추출 기구 중 가장 낮은 온도의 물을 사용하는 기구는?
   ① 프렌치프레스　　　　　　　② 사이폰
   ③ 이브릭/체즈베　　　　　　　④ 콜드 워터 브루어

2. 콜드 워터 브루어 추출 시 분쇄커피를 담는 부분의 명칭은 무엇인가?
   ① 워터탱크　② 서버　③ 플라스크　④ 코크밸브

3. 콜드 워터 브루어로 커피를 추출할 때 일반적으로 사용할 수 없는 필터는 무엇인가?
   ① 종이필터　② 융필터　③ 유리필터　④ 세라믹필터

4. 콜드 워터 브루어의 구성품이 아닌 것은?
   ① 필터바스켓　② 플라스크　③ 워터탱크　④ 로드

5. 커피를 4~12시간에 걸쳐 장시간 추출하는 방식으로 향기를 커피에 그대로 담아둘 수 있고, 부드러운 맛이 특징인 추출 방식으로, 다른 추출 방식에 비해 물의 맛이 중요하게 작용하는 추출 방식은?
   ① 모카포트　　　　　　　　② 프렌치프레스
   ③ 이브릭　　　　　　　　　 ④ 콜드 워터 브루어

6. 콜드 워터 브루어의 특징이 아닌 것은?
   ① 분쇄도는 페이퍼 드립보다 가늘게 에스프레소보다 굵게 한다.
   ② 약하게 로스팅된 원두는 추출에 사용할 수 없다.
   ③ 니트로커피(질소커피) 제조에 쓰인다.
   ④ 원두의 분쇄도와 물맛에 의해 맛이 많이 달라진다.

문제

7. 콜드 워터 브루어로 커피를 추출할 경우 고려하지 않아도 되는 것은?
① 신선하고 좋은 재료
② 추출량에 맞는 적당한 분쇄커피의 양
③ 적절한 수질과 분쇄도
④ 일정한 탬핑 강도

8. 콜드 워터 브루어 사용 후 뒷정리 과정에서 바르지 않은 것은?
① 깨지기 쉬운 유리 재질이므로 세척이나 보관에 유의한다.
② 가루를 씻어낸 필터는 흐르는 물에 잘 씻어 밀폐용기에 깨끗한 물을 담아 냉장 보관한다.
③ 플라스크, 로드, 필터는 매번 깨끗하게 중성세제로 잘 씻어준다.
④ 플라스크 내부가 커피색으로 변색될 경우 에스프레소 머신 세정제를 살짝 풀어 놓으면 쉽게 복원할 수 있다.

9. 장시간 커피를 추출하여 음미할 수 있는 커피 추출 기구는?
① 에스프레소   ② 페이퍼 드립
③ 사이폰   ④ 콜드 워터 브루어

10. 콜드 워터 브루어의 특징으로 맞는 것은?
① 차갑거나 얼음물로 추출해 카페인이 전혀 없다.
② 차가운 물을 이용해 추출하기 때문에 쓴맛이 없다.
③ 오랜 기간 숙성될수록 와인과 같은 향미를 띤다.
④ 원두의 분쇄도와 물맛에 의해 맛이 많이 달라진다.

정답 1. ④ 2. ③ 3. ③ 4. ① 5. ④ 6. ② 7. ④ 8. ③ 9. ④ 10. ④

에어로프레스

◦ 프레소의 유래와 구조, 추출 원리를 이해한다.
◦ 프레소를 이용한 다양한 추출 방법을 숙지한다.
◦ 프레소를 이용해 추출한 커피 용액의 음용 방법을 숙지한다.

1 도구 개요 및 설명

　에어로프레스는 미국 회사인 에어로비(Aerobie)의 앨런 애들러(Alan Adler) 회장이 2005년 발명한 휴대용 공기압 추출 커피 메이커이다. 앨런 애들러는 스탠퍼드 공대 강사 출신으로 전기 엔지니어이자 발명가이며, 공기역학 관련 20여 가지 이상의 특허를 보유하고 있다. 평소 커피를 즐겨먹다가 추출 방법이 커피 맛에 영향을 준다는 것을 깨닫고 연구를 시작하여, 주사기와 같은 피스톤 원리로 체임버 내의 공기압 프레스와 필터를 이용한 에어로프레스를 발명하였다. 에어로프레스는 손쉬운 사용 방법으로 좋은 아로마와 풍부한 맛을 내는 빠르고 편리한 추출 방법이다.

　에어로프레스를 두고 토탈 이멀전(Total immersion) 방식의 추출법이라고 하는데, 이는 커피가루를 물에 한번 완전히 담가 향미 성분을 끌어낸 다음 필터로 걸러서 추출하는 것을 의미한다. 커피가루를 물로 충분히 적시기 때문에 추출 편차 없이 고르게 이루어지며 마이크로 필터가 있어서 미분 없이 깔끔하고 부드러운 맛을 낼 수 있다.

에어로프레스의 구조

① 플런저 : 에어로프레스 본체의 윗부분에 해당하며 체임버에 담긴 커피가루와 물을 밀어내어 커피를 추출하는 역할을 한다. 특히 플런저의 아래에는 씰(Seal)이 끼워져 있으며, 커피를 추출할 때 압력이 밖으로 새나가지 않도록 막아준다. 고무 재질로 되어 있으며, 씰이 망가지면 따로 구입해 교체할 수 있다.

② 체임버 : 에어로프레스 본체의 아랫부분으로, 커피가루와 물을 담는 곳이다.

③ 필터캡 : 필터를 넣는 곳으로 체임버 아래에 끼운다. 추출 후에 열어보면 이곳에 커피 찌꺼기가 모여 있다.

④ 깔때기 : 체임버에 물과 커피가루를 넣을 때 사용한다.

⑤ 스패츌러 : 물과 커피가루를 저을 때 쓰는 스틱이다.

⑥ 필터 : 에어로프레스 전용으로 제작된 마이크로 필터는 미세한 입자의 커피가루도 걸러내어 미분 없이 깔끔하고 부드러운 커피를 만든다. 금속 재질의 필터로 추출하면 커피의 오일 성분도 함께 추출되어 한층 농후한 바디를 느낄 수 있다.

2 유사 관련 도구

프렌치프레스(French Press)

에스프로 프레스(Espro Press)

3 기본 실습

준비물

볶음도별 원두, 커피 그라인더, 에어로프레스, 금속필터, 스패출러, 전기포트, 온도계, 스톱워치, 저울(0.1g 측정 가능), 서버, 커핑 스푼 또는 시음 잔

추출 조건

로스팅 : 중볶음
분쇄도 : 0.3~0.5mm
커피 양 : 10g(1인 기준)

물 양 : 100ml
물 온도 : 90℃

① 필터를 넣은 필터캡을 체임버에 돌려 끼운다.
② 체임버에 깔때기를 얹은 후 분쇄된 원두를 넣는다.
③ 뜨거운 물을 커피가 담긴 체임버에 부어준다.
④ 커피 성분이 잘 우러날 수 있도록 스패출러를 이용해 저어준다.
⑤ 플런저를 체임버에 끼운 후 일정한 압력으로 눌러 커피를 추출한다.

4 응용 실습

1) 볶음도

추출 조건

분쇄도 : 0.3~0.5mm 물 양 : 100ml

커피 양 : 10g(1인 기준) 물 온도 : 90℃

약볶음(Medium roasting)
Agtron #75이상

중볶음(City roasting)
Agtron #55~#60

강볶음(Full city roasting)
Agtron #50~#55

① 필터를 넣은 필터캡을 체임버에 돌려 끼운다.
② 체임버에 깔때기를 얹은 후 **약볶음(또는 중볶음, 강볶음) 원두**를 넣는다.
③ 뜨거운 물을 커피가 담긴 체임버에 부어준다.
④ 커피 성분이 잘 우러날 수 있도록 스패출러를 이용해 저어준다.
⑤ 플린저를 체임버에 끼운 후 일정한 압력으로 눌러 커피를 추출한다.

향미	약볶음	
	중볶음	
	강볶음	
	기타	

2) 분쇄도

추출 조건

로스팅 : 중볶음
커피 양 : 10g(1인 기준)
물 온도 : 90℃
물 양 : 100ml

가는 분쇄(Fine)

중간 분쇄(Regular)

굵은 분쇄(Coarse)

① 필터를 넣은 필터캡을 체임버에 돌려 끼운다.
② 체임버에 깔때기를 얹은 후 **가는 분쇄(또는 중간 분쇄, 굵은 분쇄)** 원두를 넣는다.
③ 뜨거운 물을 커피가 담긴 체임버에 부어준다.
④ 커피 성분이 잘 우러날 수 있도록 스패출러를 이용해 저어준다.
⑤ 플린저를 체임버에 끼운 후 일정한 압력으로 눌러 커피를 추출한다.

향미	Fine	
	Regular	
	Coarse	
기타		

3) 물 온도

추출 조건

로스팅 : 중볶음
분쇄도 : 0.3~0.5mm
커피 양 : 10g(1인 기준)

물 양 : 100ml

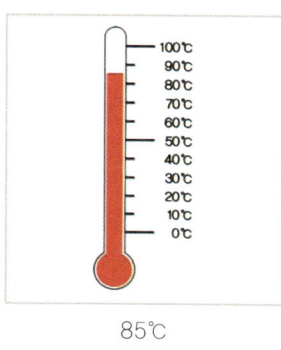
85℃

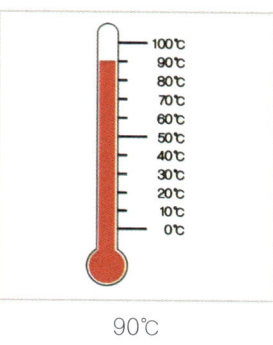
90℃

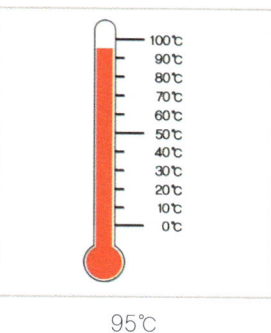
95℃

① 필터를 넣은 필터캡을 체임버에 돌려 끼운다.
② 체임버에 깔때기를 얹은 후 분쇄된 원두를 넣는다.
③ 85℃(또는 90℃, 95℃) 물을 커피가 담긴 체임버에 부어준다.
④ 커피 성분이 잘 우러날 수 있도록 스패출러를 이용해 저어준다.
⑤ 플린저를 체임버에 끼운 후 일정한 압력으로 눌러 커피를 추출한다.

향미	85℃	
	90℃	
	95℃	
기타		

5 응용 실습

1) 침지 시간

추출 조건

로스팅 : 중볶음 물 양 : 100ml
분쇄도 : 0.3~0.5mm 물 온도 : 90℃
커피 양 : 10g(1인 기준)

0분　　　　　1분　　　　　3분

① 필터를 넣은 필터캡을 체임버에 돌려 끼운다.
② 체임버에 깔때기를 얹은 후 분쇄된 원두를 넣는다.
③ 물을 커피가 담긴 체임버에 부어준다.
④ 커피 성분이 잘 우러날 수 있도록 **즉시(또는 1분, 2분 후)** 스패출러를 이용해 저어준다.
⑤ 플린저를 체임버에 끼운 후 일정한 압력으로 눌러 커피를 추출한다.

향미	0분	
	1분	
	2분	
기타		

2) 필터의 재질

추출 조건

로스팅 : 중볶음
분쇄도 : 0.3~0.5mm
커피 양 : 10g(1인 기준)

물 양 : 100ml
물 온도 : 90℃

종이필터

금속필터

① 종이필터(또는 금속필터)를 넣은 필터캡을 체임버에 돌려 끼운다.
② 체임버에 깔때기를 얹은 후 분쇄된 원두를 넣는다.
③ 물을 커피가 담긴 체임버에 부어준다.
④ 커피 성분이 잘 우러날 수 있도록 스패출러를 이용해 저어준다.
⑤ 플린저를 체임버에 끼운 후 일정한 압력으로 눌러 커피를 추출한다.

향미	종이필터	
	금속필터	
	기타	

 강의안

교과명	각종 도구 사용 II	단원	에어로프레스	차시	7
교육 목적	▷에어로프레스의 유래와 구조, 추출 원리를 이해한다. ▷에어로프레스를 이용한 다양한 추출 방법을 숙지한다. ▷에어로프레스를 이용하여 추출한 커피 용액의 음용 방법을 숙지한다.				
수업 자료	볶음도별 원두, 커피 분쇄기, 에어로프레스, 필터(종이, 금속), 스패출러, 전기포트, 온도계, 스톱워치, 저울(0.1g 측정 가능), 서버, 커핑 스푼 또는 시음 잔, PPT 자료				
학습 단계	수업 내용		교수-학습 활동		지도상의 유의점
도입	▷에어로프레스 커피 추출 원리 설명 ▷수업 목표 제시		1. 에어로프레스의 유래와 구조에 대해 질문한다. 2. 에어로프레스 추출 원리를 설명하고, 강사가 추출하여 나누어 마셔본다. 3. 주의사항 및 수업 목표를 제시한다.		▷학습자의 추출 이론 지식 사전 파악 ▷수업 내용 목표 제시 ▷PPT 자료 활용
전개	▷추출 이론에 따른 실험		1. 로스팅 정도에 따른 추출 실험 및 향미 평가 (약볶음, 중볶음, 강볶음) 2. 분쇄도에 따른 추출 실험 및 향미 평가 (Fine, Regular, Coarse)		▷집중도가 떨어지지 않도록 질문과 체크 요함 ▷그룹별 실습
	▷물 온도에 따른 실험		3. 물 온도 차이에 따른 추출 실험 및 향미 평가 (80~95℃)		
	▷인퓨전 타임에 따른 실험		4. 인퓨전 타임을 나누어 추출 실험 및 향미 평가(0~2분) 5. 인퓨전을 위해 물을 1~3회에 나누어 추출 실험 및 향미 평가		
실습 평가 및 정리	▷추출 이론을 응용하여 추출 설계		1. 실험을 통해 가장 적절한 추출법을 찾아 자유 추출한 후 향미 평가 2. 질문 및 정리, 팀별 평가		▷학습자의 이론 인지도 파악 ▷팀별 대결에 의한 실습 평가

문제

1. 2005년 고안된 기구로 프렌치프레스와 멜리타 드리퍼의 결합 형태로 각각의 장점을 살리고 단점을 보완하였다고 알려진 추출 기구는 무엇인가?
   ① 프렌치프레스 ② 사이폰
   ③ 케멕스 ④ 에어로프레스

2. 에어로프레스에 대한 설명으로 틀린 것은?
   ① 멜리타와 프렌치프레스의 결합 형태이다.
   ② 종이 마이크로 필터를 사용하여 일반 드립 커피보다 더 고운 분쇄 커피를 사용할 수 있다.
   ③ 추출 시간이 비교적 짧아 카페인 성분이 많이 나와 쓴맛이 많이 난다.
   ④ 토탈 이멀전 방식을 사용하여 물에 닿는 부분과 닿지 않는 부분이 발생하는 것을 방지한다.

3. 에어로프레스로 커피를 추출할 경우 커피의 농도를 조절할 수 있는 방법이라고 볼 수 없는 것은?
   ① 커피가루의 양과 로스팅 정도 ② 물의 양
   ③ 물과 커피가루가 접촉하는 시간 ④ 물을 끓이는 열원의 종류

4. 에어로프레스의 구성품 중 커피를 저을 때 쓰는 스틱의 명칭은?
   ① 로드 ② 플라스크 ③ 스패츌러 ④ 호퍼

5. 에어로프레스의 장점은?
   ① 그라인더가 필요하지 않다. ② 전기 사용량이 많다.
   ③ 휴대가 편리하다. ④ 빠른 시간에 커피를 추출할 수 없다.

6. 에어로프레스를 이용해 만들 수 있는 메뉴는?
   ① 아메리카노 ② 카페라떼 ③ 카푸치노 ④ 카페모카

문제

7. 에어로프레스를 이용해 추출할 때 금속필터를 사용한 경우의 특징이 아닌 것은?

① 종이필터에 비해 향미가 약하다.

② 종이필터에 비해 상대적으로 바디가 강하며, 미분이 남을 수 있다.

③ 금속필터는 반영구적이며 보관이 편리하다.

④ 비교적 짧은 시간에 추출이 가능하다.

8. 에어로프레스를 추출할 때 필요 없는 기구는 무엇인가?

① 그라인더　　② 드리퍼　　③ 스패출러　　④ 필터

9. 에어로프레스와 같은 추출 기구의 추출 원리는 다음 중 무엇인가?

① 침지식 추출　　② 투과식 추출　　③ 진공여과식 추출　　④ 가압식 추출

정답　1. ④　2. ③　3. ④　4. ③　5. ③　6. ①　7. ①　8. ②　9. ③

Chapter 8

각종 도구 사용 III

+ 모카포트
+ 체즈베

모카포트

- 모카포트의 유래와 구조, 추출 원리를 이해한다.
- 모카포트를 이용한 다양한 추출 방법을 숙지한다.
- 모카포트를 사용한 후 세척 및 보관 방법을 숙지한다.

1 도구 개요 및 설명

모카포트(Moka pot, 이탈리아어로는 Moka)는 에스프레소 주전자라고 불리는 에스프레소 커피를 추출하는 도구이다. 1933년 이탈리아에서 알루미늄 공장을 운영하던 알폰소 비알레띠(Alfonso bialetti)에 의해 고안되었으며, 비알레띠사의 대표적인 모카포트인 모카 익스프레스(Moka express)에서 유래되었다. 영어권에서는 그냥 '모카익스프레스'라 부르기도 한다.

사용법이 간단하고 가격이 저렴하여 가정에서 손쉽게 즐길 수 있다. 불에 직접 올려놓고 가열하는 직화식이므로 이태리에서는 '스토브 탑'이라고도 불린다. 기존 모카포트는 추출 압력이 낮아 크레마 형성이 원활하지 않은데, 최근에는 이를 보완하여 추출구에 압력 밸브를 달아 크레마 형성이 용이한 브리카(Brikka) 제품이 많이 사용되는 편이다.

모카포트는 필터 바스켓에 커피를 가득 채워 사용해야 정상적인 추출이 이루어지므로 평소 즐기는 양에 맞는 사이즈를 구입하는 것이 좋다. 처음 사용할 때는 여러 번 세척을 한 후에 사용하는 것이 좋다. 대부분 알루미늄이나 스테인리스로 만드는데, 알루미늄 제품은 대체로 가격이 저렴하고 무게가 가벼우며 열전도율이 높아서 추출 속도가 빠른 것이 장점이다. 하지만 쉽게 녹이 스는 문제가 있어서 보관할 때는 습기에 유의해야 오랫동안 사용할 수 있다. 스테인리스 제품은 형태가 변형될 우려가 적기 때문에 반영구적으로 사용할 수 있으며 관리가 수월하다.

모카포트의 구조

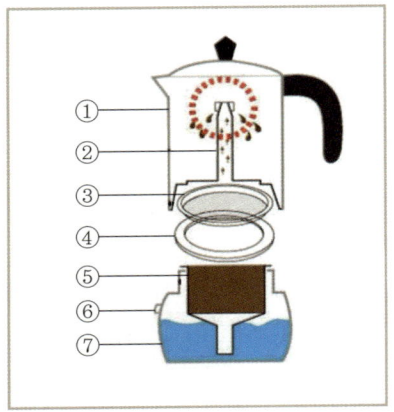

① 상단 포트(컨테이너) : 커피가 추출되어 담기는 곳

② 중앙 기둥 : 커피가 추출되어 나오는 통로

③ 필터 플레이트 : 분쇄커피를 걸러주는 스크린

④ 가스켓 : 압력이 새지 않게 잡아주는 고무링

⑤ 바스켓 필터 : 분쇄된 커피가루를 담는 바구니

⑥ 안전밸브(압력밸브) : 물이 상단 포트로 올라가지 못할 경우 수증기가 나오는 밸브

⑦ 보일러(하단 포트) : 추출될 물이 담기는 물 저장소

2. 유사 관련 도구 소개

프레소(Presso)

수동 에스프레소 머신으로 2004년 영국 디자이너 패트릭 헌터의 작품이다. 원판 안쪽 주변에 실리콘 밸브가 있어 양쪽 손잡이를 내릴 때만 물이 빠지도록 한 구조이다. 손잡이를 눌러서 생기는 압력으로 물이 커피 층을 통과하면서 커피가 추출된다. 전기를 사용하지 않아 이동이 편리하고, 반영구적으로 사용할 수 있다.

 ## 기본 실습

준비물

원두커피, 커피 그라인더, 3인용 모카포트 브리카 , 계량스푼, 가스버너, 삼발이, 저울(0.1g 측정 가능), 온도계, 스톱워치, 계량 컵, 데미타세 잔

추출 조건

로스팅 : 강볶음
분쇄도 : 약 0.3mm 이하
커피 양 : 24g

물 양 : 100ml
물 온도 : 30℃
추출 시간 : 2~3분

① 하단 포트의 압력밸브 아래로 물의 양을 조절하여 채운다.
② 분쇄커피를 바스켓 필터에 채운다.
③ 바스켓 필터를 하단 포트에 장착한다.
④ 상단 포트와 하단 포트를 결합한다.
⑤ 가스버너에 삼발이를 올려놓고 열을 가한다.
⑥ 에스프레소가 추출되는 것을 기다린다.
⑦ 상단 포트에 활발하게 추출되고 추출이 약해지면 불을 끈다.
⑧ 에스프레소를 잔에 따라 맛본다.
⑨ 모카포트가 뜨거우므로 주의해서 찬물로 충분히 식힌 후 분리한다.
⑩ 마른 수건으로 충분히 물기를 제거한 뒤 보관한다.

4 응용 실습

1) 로스팅 정도

추출 조건

분쇄도 : 약 0.3mm
커피 양 : 24g
물 양 : 100ml
물 온도 : 30℃
추출 시간 : 2~3분

약볶음(Medium roasting)
Agtron #75이상

중볶음(City roasting)
Agtron #55~#60

강볶음(Full city roasting)
Agtron #50~#55

① 하단 포트 압력밸브 밑으로 물의 양을 조절하여 채운다.
② **약볶음(또는 중볶음, 강볶음) 커피**를 바스켓 필터에 채운다.
③ 바스켓 필터를 하단 포트에 장착한다.
④ 상단과 하단 포트를 결합한다.
⑤ 가스버너에 삼발이를 올려놓고 열을 가한다.
⑥ 에스프레소가 추출되는 것을 기다린다.
⑦ 상단 포트에 활발하게 추출되고 추출이 약해지면 불을 끈다.
⑧ 에스프레소를 잔에 따라 맛본다.
⑨ 모카포트가 뜨거우므로 주의해서 찬물로 충분히 식힌 후 분리한다.
⑩ 마른 수건으로 충분히 물기를 제거한 뒤 보관한다.

향미	약	
	중	
	강	
기타		

2) 분쇄도

추출 조건

로스팅 : 강볶음
커피 양 : 24g

물 양 : 100ml
물 온도 : 30℃
추출 시간 : 2~3분

에스프레소용(Espresso)
약 0.3mm 이하

가는 분쇄(Fine)
약 0.3~0.5mm

중간 분쇄(Regular)
0.7mm이상

① 하단 포트 압력밸브 밑으로 물의 양을 조절하여 채운다.
② 각각 다른 굵기의 분쇄커피를 바스켓 필터에 채운다.
③ 바스켓 필터를 하단 포트에 장착한다.
④ 상단과 하단 포트를 결합한다.
⑤ 가스버너에 삼발이를 올려놓고 열을 가한다.
⑥ 에스프레소가 추출되는 것을 기다린다.

⑦ 상단 포트에 활발하게 추출되고 추출이 약해지면 불을 끈다.
⑧ 에스프레소를 잔에 따라 맛본다.
⑨ 모카포트가 뜨거우므로 주의해서 찬물로 충분히 식힌 후 분리한다.
⑩ 마른 수건으로 충분히 물기를 제거한 뒤 보관한다.

향미	0.3mm 이하	
	0.3mm~0.5mm	
	0.7mm 이상	
	기타	

3) 바스켓 필터에 담긴 분쇄커피 양

추출 조건

로스팅 : 강볶음   물 양 : 100ml
분쇄도 : 약 0.3mm   물 온도 : 30℃
　　　　　　　　　추출 시간 : 2~3분

16g

24g

32g

① 하단 포트 압력밸브 밑으로 물의 양을 조절하여 채운다.
② **분쇄커피 16g(이나 24g, 32g)**을 바스켓 필터에 채운다.

③ 바스켓 필터를 하단 포트에 장착한다.
④ 상단과 하단 포트를 결합한다.
⑤ 가스버너에 삼발이를 올려놓고 열을 가한다.
⑥ 에스프레소가 추출되는 것을 기다린다.
⑦ 상단 포트에 활발하게 추출되고 추출이 약해지면 불을 끈다.
⑧ 에스프레소를 잔에 따라 맛본다.
⑨ 모카포트가 뜨거우므로 주의해서 찬물로 충분히 식힌 후 분리한다.
⑩ 마른 수건으로 물기를 충분히 제거한 뒤 보관한다.

향미	16g	
	24g	
	32g	
기타		

4) 사용하는 물

추출 조건

로스팅 : 강볶음
분쇄도 : 약 0.3mm
커피 양 : 25g

물 온도 : 30℃
추출 시간 : 2~3분

110ml

140ml

170ml

① 하단 포트 압력밸브 밑으로 물 100ml(이나 140ml, 170ml)을 조절하여 채운다.
② 분쇄커피를 바스켓 필터에 채운다.
③ 바스켓 필터를 하단 포트에 장착한다.
④ 상단과 하단 포트를 결합한다.
⑤ 가스버너에 삼발이를 올려놓고 열을 가한다.
⑥ 에스프레소가 추출되는 것을 기다린다.
⑦ 상단 포트에 활발하게 추출되고 추출이 약해지면 불을 끈다.
⑧ 에스프레소를 잔에 따라 맛본다.
⑨ 모카포트가 뜨거우므로 주의해서 찬물로 충분히 식힌 후 분리한다.
⑩ 마른 수건으로 물기를 충분히 제거한 뒤 보관한다.

향미	110ml	
	140ml	
	170ml	
	기타	

5) 물 온도

추출 조건

로스팅 : 강볶음 물 양 : 100ml
분쇄도 : 약 0.3mm 추출 시간 : 2~3분
커피 양 : 25g

뜨거운 물(약 95℃)

미지근한 물(약 20℃)

① 하단 포트 압력밸브 밑으로 **뜨거운 물**(이나 **미지근한 물**)을 채운다.
② 분쇄커피를 바스켓 필터에 채운다.
③ 바스켓 필터를 하단 포트에 장착한다.
④ 상단과 하단 포트를 결합한다.
⑤ 가스버너에 삼발이를 올려놓고 열을 가한다.
⑥ 에스프레소가 추출되는 것을 기다린다.
⑦ 상단 포트에 활발하게 추출되고 추출이 약해지면 불을 끈다.
⑧ 에스프레소를 잔에 따라 맛본다.
⑨ 모카포트가 뜨거우므로 주의해서 찬물로 충분히 식힌 후 분리한다.
⑩ 마른 수건으로 충분히 물기 제거한 뒤 보관한다.

향미	뜨거운 물	
	미지근한 물	
	기타	

 **심화 실습 적용**

1) 메뉴 만들기

준비물

원두커피, 커피 그라인더, 3인용 모카포트 브리카, 계량스푼, 가스버너, 삼발이, 저울(0.1g 측정 가능), 온도계, 스톱워치, 계량 컵, 데미타세 잔, 우유, 초코시럽, 바 스푼, 머그잔(300ml)

추출 조건

로스팅 : 강볶음
분쇄도 : 약 0.3mm
커피 양 : 24g

물 양 : 100ml
물 온도 : 30℃
추출 시간 : 2~3분

아메리카노

① 모카포트 브리카를 이용해서 에스프레소 90ml를 추출한다.
② 추출한 에스프레소를 30ml 샷 글라스에 옮겨 담는다.
③ 머그컵에 뜨거운 물을 70% 가량 담는다.
④ 에스프레소를 부어준다.

카페라떼

① 모카포트 브리카를 이용해서 에스프레소 90ml를 추출한다.
② 추출한 에스프레소를 30ml 샷 글라스에 옮겨 담는다.
③ 머그컵에 뜨거운 우유를 70% 가량 담는다.
④ 에스프레소를 부어준다.

카페모카

① 모카포트 브리카를 이용해서 에스프레소 90ml를 추출한다.
② 추출한 에스프레소를 30ml 샷 글라스에 옮겨 담는다.
③ 머그컵에 뜨거운 우유를 70% 가량 담는다.
④ 우유에 초코시럽 30ml를 넣은 뒤 저어준다.
⑤ 초코시럽이 녹은 우유에 에스프레소를 부어준다.

2) 종이필터 장착 여부

추출 조건

로스팅 : 강볶음
분쇄도 : 약 0.3mm
커피 양 : 24g

물 양 : 100ml
물 온도 : 30℃
추출 시간 : 2~3분

바스켓 필터 +
종이필터

바스켓 필터 +
종이필터 미장착

① 하단 포트 압력밸브 밑으로 물의 양을 조절하여 채운다.
② 분쇄커피를 바스켓 필터에 채운 후 **종이필터를 장착(또는 미장착)**한다.
③ 바스켓 필터를 하단 포트에 장착한다.
④ 상단과 하단 포트를 결합한다.
⑤ 가스버너에 삼발이를 올려놓고 열을 가한다.
⑥ 에스프레소가 추출되는 것을 기다린다.
⑦ 상단 포트에 활발하게 추출되고 추출이 약해지면 불을 끈다.
⑧ 에스프레소를 잔에 따라 맛본다.
⑨ 모카포트가 뜨거우므로 주의해서 찬물로 충분히 식힌 후 분리한다.
⑩ 마른 수건으로 충분히 물기를 제거하여 보관한다.

향미	필터 장착	
	필터 미장착	
	기타	

 강의안

교과명	각종 도구 사용 Ⅲ	단원	모카포트	차시	8
교육 목적	▷모카포트의 유래와 구조, 추출 원리를 이해한다. ▷모카포트를 이용한 다양한 추출 방법을 숙지한다. ▷모카포트를 이용해 추출한 후 세척 및 보관 방법을 숙지한다.				
수업 자료	원두커피, 커피 그라인더, 3인용 모카포트 브리카, 원형 종이필터, 계량스푼, 가스버너, 삼발이, 저울(0.1g 측정 가능), 온도계, 스톱워치, 계량 컵, 데미타세 잔				

학습 단계	수업 내용	교수-학습 활동	지도상의 유의점
도입	▷모카포트 추출 원리 설명 ▷수업 목표 제시	1. 모카포트의 특징과 구조에 대해 질문한다. 2. 모카포트의 추출 원리를 설명하고 주의사항 및 수업 목표를 제시한다.	▷학습자의 추출 이론 지식 사전 파악 ▷수업 내용 목표 제시 ▷PPT 자료 활용
전개1	▷모카포트 추출 실습 1	1. 로스팅 정도에 따른 추출 실습 2. 분쇄도에 따른 추출 실습 3. 분쇄커피 양에 따른 추출 실습	▷집중도가 떨어지지 않도록 질문과 체크 요함 ▷불을 사용하므로 세척 시 안전에 주의한다. ▷그룹별 실습
전개2	▷모카포트 추출 실습 2	4. 투입 물 양에 따른 추출 실습 5. 물 온도에 따른 추출 실습 6. 종이필터의 유무에 따른 추출 실습	
실습 평가 및 정리	▷추출 이론을 응용하여 추출 설계	1. 실험을 통해 가장 적절한 추출법을 찾고 토론 2. 질문 및 정리, 팀별 평가	▷학습자의 이론 인지도 파악 ▷팀별 대결에 의한 실습 평가

문제

1. 다음 중 추출 시 압력이 작용하는 추출 기구는?
   ① 모카포트　　② 커피 메이커　　③ 체즈베　　④ 사이폰

2. 가정에서 손쉽게 추출할 수 있는 가정용 에스프레소 기구는?
   ① 프렌치프레스　　② 클레버　　③ 모카포트　　④ 드리퍼

3. 다음은 어떤 추출 기구에 대한 설명인가?

   > 1933년 알폰소 비알레띠가 개발하였으며, 증기압을 이용한 가정용 에스프레소 커피 추출 도구이다.

   ① 모카포트　　② 프렌치프레스　　③ 체즈베　　④ 사이폰

4. 다음은 어떤 커피 추출 기구에 대한 설명인가?

   > 수동식 에스프레소 추출 도구로 상부 포트, 하부포트, 안전밸브, 바스켓으로 구성되어 있다. 에스프레소 포트라고도 한다.

   ① 체즈베　　② 모카포트
   ③ 프렌치프레스　　④ 하리오 드리퍼

5. 다음 중 담는 기술이 중요한 추출 기구는?
   ① 커피 메이커　　② 모카포트　　③ 체즈베　　④ 사이폰

6. 일반적으로 가정용 에스프레소 기구로 사용되는 기구의 이름은?
   ① 프렌치프레스　　② 클레버　　③ 사이폰　　④ 모카포트

문제

7. 다음 중 커피 추출 기구와 커피 입자 분쇄도의 연결이 적절치 않은 것은?
   ① 모카포트 - 1.0mm 이상의 조금 굵은 커피
   ② 베큠 브루어 - 0.5mm 이하의 고운 커피
   ③ 핸드드립 커피 - 0.5~0.7mm의 중간 입자 크기의 커피
   ④ 에스프레소 - 0.3mm 이하의 미세한 커피

8. 모카포트로 커피를 추출했을 때 미세한 커피가루가 많이 나왔다면, 그 이유로 적절치 않은 것은?
   ① 커피를 너무 적게 담았다.
   ② 분쇄커피의 입자가 너무 컸다
   ③ 기구를 잠글 때 제대로 잠그지 않았다.
   ④ 입자를 곱게 분쇄했다.

9. 다음 중 모카포트의 추출 도구가 아닌 것은?
   ① 상부 포트   ② 하부포트   ③ 필터 바스켓   ④ 고노 드리퍼

10. 다음 중 그라인더가 필요한 기구는?
    ① 캡슐 커피 머신   ② 파드 커피 머신
    ③ 전자동 커피 머신   ④ 모카포트

정답 1. ① 2. ③ 3. ① 4. ② 5. ② 6. ④ 7. ① 8. ② 9. ④ 10. ④

체즈베

- 체즈베의 유래와 구조, 추출 원리를 이해한다.
- 체즈베를 이용한 다양한 추출 방법을 숙지한다.
- 체즈베에 다양한 향신료를 첨가해 맛을 즐기도록 한다.

1 도구 개요 및 설명

다양한 기구가 개발되기 이전부터 사용해왔던 터키식 커피포트의 명칭은 그리스에서는 '이브릭(Ibrik)'이라 부르고 터키와 아랍에서는 '체즈베(Cezve)'라고 불린다. 체즈베는 터키에서 이스탄불에 커피하우스가 생겼던 1554~1555년경부터 사용되기 시작했다. 또한 두 가지 명칭을 정확히 구분하자면 주전자 따르는 입구가 길고 뚜껑이 있는 것을 이브릭이라 부르고 주전자 따르는 입구가 짧고 뚜껑이 없는 것을 체즈베라고 한다.

가장 오래된 추출 기구이며 커피를 거르지 않고 물과 함께 끓인 후 마시므로 강한 바디를 느낄 수 있으나 입안에 많은 찌꺼기가 남게 된다. 그러므로 터키식 커피는 에스프레소용 굵기보다 더 곱게 분쇄해서 사용해야 한다. 커피를 마시고 난 다음 컵받침에 커피잔을 올려놓고 기다린 후 생기는 모양을 보고 커피 점을 치기도 한다.

체즈베의 구조

① 주전자 : 동으로 만들어져 있으며 입구가 길고 뚜껑이 있으면 이브릭, 입구가 짧고 뚜껑이 없으면 체즈베라고 한다.
② 손잡이 : 불에 사용하는 도구이기 때문에 길쭉한 손잡이로 이루어져 있다.

기본 실습

준비물

원두커피, 커피 그라인더, 체즈베, 계량스푼, 교반 스틱, 설탕, 가스버너, 삼발이, 저울(0.1g 측정 가능), 온도계, 스톱워치, 계량컵, 데미타세 잔

추출 조건

로스팅 : 중볶음
분쇄도 : 약 0.1mm
커피 양 : 10g

물 양 : 100ml
물 온도 : 30℃

① 체즈베에 분쇄한 커피와 물을 넣는다.

② 가스버너에 불을 켜고 끓여준다.

③ 약한 불에 끓이다가 교반 스틱으로 저어주면서 거품이 끓어오르면 불에서 내린다. 이 과정을 3회 가량 반복한다.

④ 달여진 커피가 가라앉을 때까지 조금 기다렸다가 예열된 잔에 따라 마신다.

3 응용 실습

1) 로스팅 정도별

추출 조건

분쇄도 : 약 0.1mm   물 양 : 100m
커피 양 : 10g   물 온도 : 30℃

약볶음(Medium roasting)
Agtron #75이상

중볶음(City roasting)
Agtron #55~#60

강볶음(Full city roasting)
Agtron #50~#55

① 체즈베에 **약볶음(이나 중볶음, 강볶음)** 커피와 물을 넣는다.
② 가스버너에 불을 켜고 끓여준다.
③ 약한 불에 끓이다가 교반 스틱으로 저어주면서 거품이 끓어오르면 불에서 내린다. 이 과정을 3회 가량 반복한다.
④ 달여진 커피가 가라앉을 때까지 조금 기다렸다가 예열된 잔에 따라 마신다.

향미	약	
	중	
	강	
	기타	

2) 분쇄도

추출 조건

로스팅 : 중볶음 물 양 : 100ml

커피 양 : 10g 물 온도 : 30℃

에스프레소보다 가늘게
약 0.1mm

에스프레소 용
약 0.3mm

에스프레소용보다 굵게
0.5mm 이상

① 체즈베에 0.1mm(이나 0.3mm, 0.5mm 이상)로 분쇄한 중볶음 커피와 물을 넣는다.
② 가스버너에 불을 켜고 끓여준다.
③ 약한 불에 끓이다가 교반 스틱으로 저어주면서 거품이 끓어오르면 불에서 내린다. 이 과정을 3회 가량 반복한다.
④ 달여진 커피가 가라앉을 때까지 조금 기다렸다가 예열된 잔에 따라 마신다.

향미	0.1mm	
	0.3~0.5mm	
	0.5mm 이상	
기타		

3) 사용하는 커피 양

추출 조건

로스팅 : 중볶음
분쇄도 : 약 0.1mm
물 양 : 100ml
물 온도 : 30℃

5g   10g   15g

① 체즈베에 **볶음 커피** 5g(이나 10g, 15g)와 물을 넣는다.
② 가스버너에 불을 켜고 끓여준다.
③ 약한 불에 끓이다가 교반 스틱으로 저어주면서 거품이 끓어오르면 불에서 내린다. 이 과정을 3회 가량 반복한다.
④ 달여진 커피가 가라앉을 때까지 조금 기다렸다가 예열된 잔에 따라 마신다.

향미	5g	
	10g	
	15g	
기타		

4) 사용하는 물의 양

추출 조건

로스팅 : 중볶음
분쇄도 : 약 0.1mm

커피 양 : 10g
물 온도 : 30℃

50ml

100ml

150ml

① 체즈베에 볶음 커피와 **물 50ml(이나 100ml, 150ml)**를 넣는다.
② 가스버너에 불을 켜고 끓여준다.
③ 약한 불에 끓이다가 교반 스틱으로 저어주면서 거품이 끓어오르면 불에서 내린다. 이 과정을 3회 가량 반복한다.
④ 달여진 커피가 가라앉을 때까지 조금 기다렸다가 예열된 잔에 따라 마신다.

향미	50ml	
	100ml	
	150ml	
기타		

5) 교반 유무 및 횟수

추출 조건

로스팅 : 중볶음
분쇄도 : 약 0.1mm
커피 양 : 10g

물 양 : 100ml
물 온도 : 30℃

교반 없음

교반 스틱으로 2~3회

① 체즈베에 볶음 커피와 물을 넣는다.
② 가스버너에 불을 켜고 끓여준다.
③ 약한 불에 끓이다가 교반 스틱으로 **저어주(거나 젓지 않)**고 거품이 끓어오르면 불에서 내린다. 이 과정을 3회 반복한다.
④ 달여진 커피가 가라앉을 때까지 조금 기다렸다가 예열된 잔에 따라 마신다.

향미	젓다	
	안 젓다	
	기타	

4 심화 실습

1) 향신료 첨가

준비물

원두커피, 커피 그라인더, 체즈베, 계량스푼, 교반 스틱, 설탕, 시나몬, 클로버, 카다멈, 가스버너, 삼발이, 저울(0.1g 측정 가능), 온도계, 스톱워치, 계량컵, 데미타세 잔

추출 조건

로스팅 : 중볶음
분쇄도 : 약 0.1mm
커피 양 : 10g

물 양 : 100ml
물 온도 : 30℃

설탕
향미 : 달콤

계피가루
향미 : 달콤, 쌉쌀

넛맥
향미 : 매콤, 달콤

강황
향미 : 고소, 카레

① 체즈베에 분쇄커피와 물을 넣는다.
② 가스버너에 불을 켜고 끓여준다.
③ 약한 불에 끓이다가 교반 스틱으로 저어주면서 거품이 끓어오르면 불에서 내린다. 이 과정을 3회 반복한다.
④ 달여진 커피가 가라앉을 때까지 조금 기다렸다가 예열된 잔에 따른다.
⑤ 향신료를 첨가하여 마신다.

 강의안

교과명	각종 도구 사용 Ⅲ	단원	체즈베	차시	8
교육 목적	▷체즈베의 유래와 구조, 추출 원리를 이해한다. ▷체즈베를 이용한 다양한 추출 방법을 숙지한다. ▷체즈베에 다양한 향신료를 첨가해 맛을 즐기도록 한다.					
수업 자료	원두커피, 커피 그라인더, 체즈베, 계량스푼, 교반 스틱, 가스버너, 삼발이, 저울(0.1g 측정 가능), 온도계, 스톱워치, 계량컵, 데미타세 잔					

학습 단계	수업 내용	교수-학습 활동	지도상의 유의점
도입	▷체즈베 추출 원리 설명 ▷수업 목표 제시	1. 체즈베의 특징와 구조에 대해 질문한다. 2. 체즈베의 추출 원리를 설명하고, 주의사항 및 수업 목표를 제시한다.	▷학습자의 추출 이론 지식 사전 파악 ▷수업 내용 목표 제시 ▷PPT 자료 활용
전개	▷투과식 추출 실험	1. 로스팅 정도에 따른 추출 실습 2. 분쇄도에 따른 추출 실습 3. 사용하는 커피 양에 따른 추출 실습	▷집중도가 떨어지지 않도록 질문과 체크 요함 ▷체즈베에 담긴 커피가 쉽게 넘칠 수 있으니 주의를 충분히 준다. ▷그룹별 실습
	▷침지식 추출 실험	4. 투입 물 양에 따른 추출 실습 5. 교반 횟수에 따른 추출 실습 * 심화에서 설탕 및 향신료 첨가 추출	
실습 평가 및 정리	▷추출 이론을 응용하여 추출 설계	1. 실험을 통해 가장 적절한 추출법을 찾고 토론 2. 질문 및 정리, 팀별 평가	▷학습자의 이론 인지도 파악 ▷팀 별 대결에 의한 실습 평가

문제

1. 다음 중 커피를 추출하는 방식 중 달임 방식에 해당되는 것은?
   ① 프렌치프레스
   ② 에어로 프레스
   ③ 체즈베
   ④ 베큠 브루어

2. 아래 방법은 어느 기구를 이용한 커피인가?

   > 매우 곱게 분쇄한 분쇄커피 10g과 찬물 100ml를 기구에 넣고 끓인 다음 커피가루를 가라앉힌 후에 잔에 따라 마신다.

   ① 체즈베
   ② 모카포트
   ③ 사이폰
   ④ 클레버

3. 동일한 조건의 커피를 사용할 때 원두커피의 수용성 성분이 가장 많이 나올 수 있는 추출은?
   ① 커피 메이커
   ② 사이폰 추출
   ③ 융 추출
   ④ 에스프레소 추출

4. 다음 중 추출 시 압력을 이용하지 않는 도구는?
   ① 에스프레소 머신
   ② 모카포트
   ③ 캡슐 머신
   ④ 체즈베

5. 다음 중 일반적으로 가장 곱게 분쇄한 커피를 사용하는 기구는?
   ① 체즈베
   ② 모카포트
   ③ 칼리타 드리퍼
   ④ 더치 커피

6. 다음 중 역사적으로 사람들이 사용하기 시작한지 가장 오래된 추출 기구는?
   ① 모카포트
   ② 사이폰
   ③ 체즈베
   ④ 커피 메이커

문제

7. 좋은 커피를 추출할 때 상대적으로 영향력이 작은 요소는?

① 수질   ② 물의 온도

③ 잔의 형태   ④ 원두의 질

8. 다음 중 체즈베를 사용할 때 필요하지 않은 기구는?

① 가스버너   ② 교반 스틱

③ 종이필터   ④ 고운 분쇄커피

9. 다음 중 전기가 꼭 있어야만 추출이 가능한 기구는?

① 체즈베   ② 에스프레소 머신

③ 모카포트   ④ 프레소

정답 1. ③ 2. ① 3. ④ 4. ④ 5. ① 6. ③ 7. ③ 8. ③ 9. ②

Chapter 9

에스프레소 사용

✚ 에스프레소 머신
✚ 프레소

에스프레소 머신

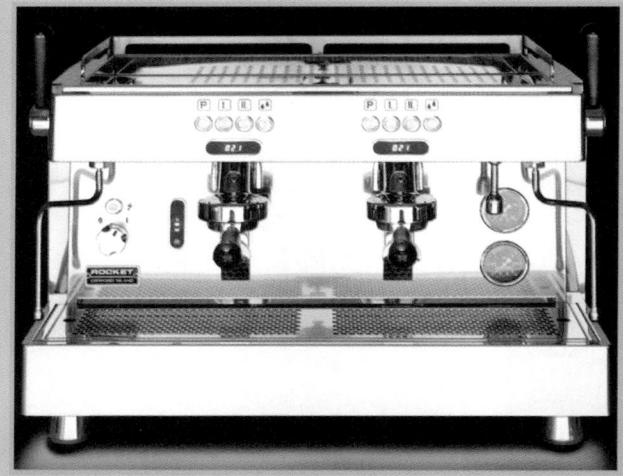

◎ 에스프레소 머신과 그라인더의 개요와 구조 및 추출 원리를 이해한다.
◎ 에스프레소 머신과 그라인더를 이용한 추출 방법을 숙지한다.
◎ 에스프레소 머신과 그라인더를 이용해 추출을 하기 위한 다양한 변화를 주어 에스프레소 음료의 향미 변화를 살피고 이해한다.

1 에스프레소 개요

1) 에스프레소의 유래와 정의

에스프레소(Espresso)는 진한 이탈리아식 커피를 말하며 영어의 익스프레스(Express)의 의미를 가지고 있다. 이탈리아에서는 보통 카페(Caffe)라 하며 20~30ml를 2~3oz의 데미타세(Demitasse) 잔에 제공한다. 프랑스어의 demi(반)와 tasse(잔)의 합성어로 일반 컵의 반 정도라는 의미로 '데미타세(demitasse)'라고 한다.

1855년 산타이스(Edourard Loysel Santais)는 증기압을 이용한 추출 기계를 발명하였으며, 1901년 베제라(Luigi Bezzera)에 의하여 최초의 에스프레소 추출 기계가 발명되었다. 가지아(Gaggia)는 1947년 피스톤방식으로 크레마가 추출되는 기계를 발명하였다.

2) 에스프레소 한 잔의 추출 기준

분류	기준	분류	기준
추출 압력	8~10bar	커피가루	7~8g
추출 온도	90~95℃	추출 시간	20~30초
추출 양	용액 20~30ml	pH	5.2~5.8

3) 에스프레소 커피의 특성

에스프레소는 대체적으로 폴오버 방식보다 추출 액량이 적은 반면 불용성 성분이 많으므로 진하고 향이 풍부하다. 크레마는 광택이 나고 부드럽고 조밀하며 두 가지 이상의 색이 공존하면 좋다. 향미에서는 쓴맛이 길게 느껴지지 않고 신맛, 단맛과의 밸런스가 좋으며, 묵직한 바디와 혀를 감싸는 부드러움, 그리고 마시고 나서도 긍정적인 여운이 부드러운 촉감과 함께 지속적으로 남아 있는 것이 좋은 에스프레소이다. 에스프레소는 주로 두 가지 이상의 커피를 섞어 사용하지만 최근에는 '싱글 오리진 커피(Single Origin Coffee)'라 하여 블렌딩하지 않은 단종의 커피로만 추출하기도 한다.

최근 산지에서는 그린커피의 '마켓화' 현상이 일어나고 있다. 특정 산지에서만 맛볼 수 있는 커피를 다른 산지에서도 생산하는 것이다. 많은 연구를 통하여 타 산지에서 취급하고 있는 품종을 재배하고, 농장만의 특별한 가공 방법을 사용하여 단맛을 가진 산미, 무겁고 부드러운 바디, 여운이 긴 특별한 향미를 소비자에게 제공하고 있다.

4) 에스프레소의 구성 요소

(1) 크레마

영어로 크림(Cream)이란 뜻이다. 크레마의 생성 원리는 에스프레소 머신에서 추출되는 높은 압력의 물이 커피가루를 통과하면서 향기의 성분과 비수용성(오일) 성분이 추출되는 것이다. 좋은 크레마는 붉은 빛이 감돌고 부드러운 갈색 거품의 형태가 계속 유지되며 설탕을 부어도 잠시 동안 머금고 있어 주어야 할 정도로 조밀하여야 한다.

(2) 용액

크레마와 다르게 카페 음료 메뉴의 레시피를 담당하게 되며, 검은 용액으로 되어 있다. 예전에는 에스프레소의 액량을 잴 때 부피(ml)를 기준으로 삼았지만 최근에는 주로 그램(g)으로 산정한다. 커피 원두마다의 고유 특성, 로스팅 정도, 로스팅 후의 기간에 따라 25~35ml를 추출하는데 있어 크레마가 차지하는 부피가 다르다면 음료에 들어가는 에스프레소의 실제 용량이 다를 수 있다. 따라서 에스프레소 음료의 레시피를 정할 때는 그램(g)으로 책정하는 것이 더 정확할 수 있다.

5) 머신의 종류

종류	내용
수동 머신	사람이 직접 피스톤을 눌러 추출
반자동 머신	추출 버튼이 하나로 되어 있는 머신
자동 머신	물량 조절이 가능한 세팅 버튼이 여러 개 있는 머신
완전 자동 머신	그라인더까지 내장되어 있어 메뉴 버튼을 누르면 모든 메뉴가 완성되어 나오는 머신

머신 외관의 구성 1

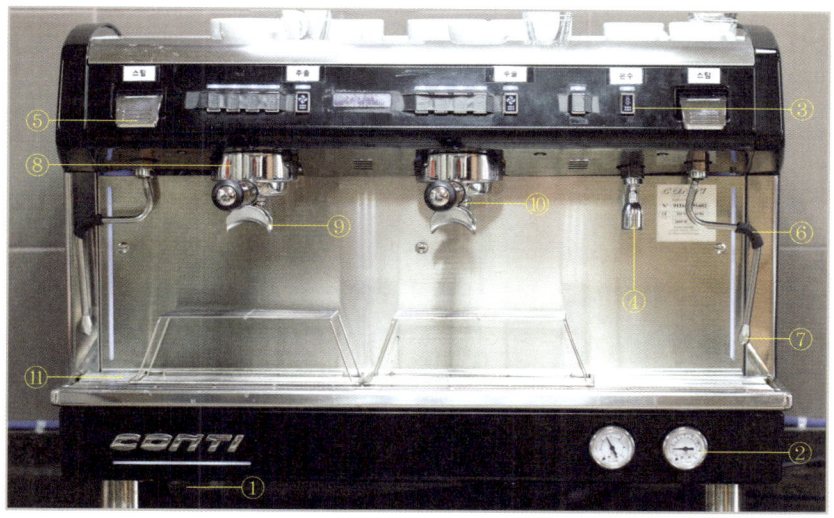

① 전원 스위치 : 커피 머신의 전원을 조절하는 스위치이다.

② 압력게이지 : 통상적으로 두 개의 압력게이지가 있으며 하나는 메인보일러의 압력을 표시하고 하나는 펌프의 추출 압력을 표시한다.

③ 온수 밸브 : 보일러 내부에서 나오는 온수를 밖으로 배수시킬 때 사용하며, 수도 꼭지를 틀어주듯이 돌려서 배수시키거나 온수 추출 버튼을 사용하여 일정 시간

강제 배수시킬 수 있다.

④ 온수 : 보일러 내부의 물이 그대로 배수되거나 보일러 내부의 높은 온도와 급수 라인을 한번 더 연결시켜 보일러 내부에서 나오는 물의 온도를 높이거나 낮게 해주는 급수 라인이 있다. 이는 100도 이하부터 더 낮게 세팅할 수 있는 머신도 있다.

⑤ 스팀 밸브 : 보일러 상부에서 나오는 스팀을 밖으로 배출시켜주는 역할을 하며 온수 밸브와 마찬가지로 수도꼭지를 틀어주듯이 일정 각도를 돌리면 스팀 압이 밖으로 배출된다. 그 각도에 따라 스팀의 압력을 일정 부분 조절할 수 있다.

⑥ 스팀완드 : 뜨거운 증기가 나오는 부분으로 찬 우유를 데우거나 거품을 만들 때 사용한다. 스팀 밸브를 열어 작동시키며 스팀 토출구의 수나 각도를 잘 살펴야 좋은 스티밍을 할 수 있다.

⑦ 스팀 팁 : 스팀완드 끝에 달린 네 개 혹은 세 개의 구멍으로 스팀을 배출한다. 큰 스팀 팁 혹은 작은 스팀 팁이 있으며 교체를 할 수도 있고 우유 찌꺼기가 구멍을 막을 수도 있다.

⑧ 그룹헤드 : 커피 추출수가 통과되는 마지막 단계이며 올바른 추출을 위해 샤워 스크린을 통해 추출수가 고르게 분사되는 역할을 한다.

⑨ 스파웃 : 포타필더에 달린 추출되는 용액을 나누는 부분으로서 하나 혹은 두 개, 세 개도 있다. 이곳을 열어 청소를 하지 않으면 커피가루의 미분이 쌓여 추출의 나눔을 방해하거나 향미를 더럽히는 요인이 된다.

⑩ 포타필터 : 분쇄된 커피를 담아 그룹헤드에 장착하는 도구로서 예열된 상태로 보관을 해야 하며 청결에도 항상 신경을 써야 한다. 필터홀더라고 부르기도 한다.

⑪ 드립트레이 : 에스프레소 용액이나 온수를 흘려버릴 때 배수구로 모아 배수될 수 있게 해주는 역할을 하며, 추출 시 잔에 담을 수 있도록 받쳐주는 역할을 한다.

2 에스프레소 추출 과정

1) 에스프레소 추출 방법

준비물

에스프레소 머신, 그라인더, 탬퍼, 넉박스, 원두커피, 리넨, 시음 잔, 저울, PPT 자료

포타필터 분리

포타필터 건조 청결

도징과 커피 담기

균일한 고르기

1차 탬핑

태핑

2차 탬핑

포타필터 가장자리 청결

장착 전 물 흘리기

포타필터 결합

신속한 추출로 잔에 받기

① 그룹헤드에서 포타필터를 왼쪽방향으로 돌려 분리한다.
② 분리된 포타필터를 리넨 혹은 포타필터 전용 행주로 깨끗이 닦아준다. 청결하지 않은 물기나 커피 찌꺼기는 일정한 추출에 변수를 줄 수 있기 때문이다.
③ 그라인더에서 커피가루를 포타필터에 담는다. 커피가루를 담을 때마다 포타필터에 담기는 양이 항상 같을 수 있게 하는 것이 중요하다.
④ 담긴 커피가루의 표면에 구멍이 없도록 충분히 고르게 분포시켜준다. 고르는 횟수에 따라 담기는 양이 많아짐을 인지하여야 한다.
⑤ 1차 탬핑은 커피가루를 일정한 밀도로 만들어주는 것과 수평을 중요시하며 탬퍼로 눌러줘야 한다.
⑥ 태핑은 1차 탬핑 시 탬퍼가 기울어진 상태로 들어갈 때 포타필터 벽면에 커피가루가 밀리면서 달라붙은 커피가루를 안쪽으로 다시 떨어뜨려 의도한 양의 커피가루를 추출하기 위한 동작이다. 강하게 두드리면 오히려 일정한 추출에 영향을 줄 수 있다.
⑦ 2차 탬핑 시 수평을 한 번 더 맞춰주면 태핑 시에 떨어진 커피가루를 다시 한 번 다져주는 역할을 한다. 1차 탬핑 후 안쪽 벽면에 붙어있는 커피가루가 없다면 1차 탬핑으로 마무리해도 된다.
⑧ 장착 전 포타필터 상부에 있는 커피 찌꺼기들을 손으로 깨끗이 쓸어낸다.
⑨ 장착 전 물 흘리기 동작은 이전 추출 작업 시 샤워필터에 묻은 커피 찌꺼기들을 청소하고 물의 온도를 일정하게 유지하기 위한 것이다.
⑩ 포타필터 결합은 홈에 맞게 왼쪽에서 오른쪽으로 돌려주어야 하는데 고무로 되어 있는 가스켓의 상태에 따라 각도가 많이 돌아가기도 하고 적은 각도만 돌아갈 수 있다. 이는 추출 시 누수되지 않는다면 알맞은 방법이다. 억지로 강한 힘으로 끼우게 되면 가스켓이 마모될 수 있다.
⑪ 장착 후 상부가 물에 노출되어 침투, 용해, 분리를 먼저 일으키지 않도록 추출 버튼을 신속하게 눌러 **빠른 추출**을 할 수 있도록 한다.

2) 과소, 적정, 과다 추출 현상

물줄기			
크레마 색			
분류	과소	정상	과다
크레마	크레마 색이 엷고 두께는 얇으며 거품 크기가 크다	붉은 빛이 감돌고 설탕을 부어도 잠시 동안 머금고 있을 정도로 부드럽고 조밀하다.	검은색 띠를 두르거나 검은색 반점을 가지고 있다.
입자의 크기	입자가 굵음	적당한 굵기	입자가 가늠
커피 사용량	기준보다 적은 양을 사용	적당한 양	기준보다 많은 양을 사용
물 온도	온도가 낮음	적당한 온도	온도가 높음
추출 시간	빠르게 나옴	20~30초	느리게 나옴
수율(TDS)	18% 미만	18~22%	22% 이상
향미	높고 날카로운 신맛과 쓴맛이 나타나며 빨리 사라진다. 거친 촉감과 젖은 나무 향을 가지고 있으며, 여운이 짧고 묽다.	신맛, 단맛, 쓴맛의 강도가 적당히 고르게 느껴지며 어느 정도의 바디와 여운이 길게 느껴진다.	신맛, 쓴맛, 단맛의 강도가 낮으며 쓴 향의 여운을 가지고 있다.

3) 사용한 포타필터 청소 방법

포타필터 분리

커피 케이크 제거

물로 포타필터 청소
또는 리넨으로 청소

포타필터 결합

① 포타필터를 그룹헤드에서 왼쪽 방향으로 돌려 분리해준다.
② 분리된 포타필터의 안쪽을 넉박스 가운데 고무 부분에 두드려 커피 찌꺼기를 털어준다.
③ 포타필터 안쪽이 지저분하거나 곧바로 사용하지 않을 거라면 추출 버튼을 이용하여 물로 깨끗이 헹궈준다.
④ 온도 유지를 위해 다시 포타필터를 그룹헤드에 결합시킨다. 미결합 시에는 포타필터 내부 온도가 하락하여 추출 시 안정된 추출 향미를 기대할 수 없다.

3 그라인더의 구조와 이해

1) 분쇄의 유래와 의미

국어사전에서 분쇄(粉碎)는 "[명사]적인 의미로 단단한 물체를 잘게 부스러뜨림"으로 정의하였으며, 화학용어사전에서는 "고체상 물질을 파괴하여 지름의 감소와 표면적의 증대를 도모하는 기계적 조사"로 정의하고 있다.

2) 그라인더의 구성

수동 그라인더	
호퍼	2.0kg
칼날 타입	평면형(Flat burr)
정격	220V/단/370W
크기	W195×D360×H570

① 호퍼 : 원두를 담는 통
② 원두 투입 레버 : 레버를 누르거나 잡아당김으로써 투입구를 열어 원두커피를 배출하거나 투입구를 닫아 배출을 막을 수 있다.
③ 분쇄입자 조절 레버 : 병뚜껑을 닫아주면 뚜껑과 병 사이의 간격이 좁아져서 가늘게 분쇄되고, 병뚜껑을 열어주면 병과 뚜껑 사이의 간격이 멀어지면서 두껍게 분

쇄되는 나사식으로 구성되어 있다.

④ 분쇄통 : 분쇄된 커피가루를 저장하며 내부에는 원을 6등분한 칸이 있다.

⑤ 원두 배출량 조절 레버 : 시계방향으로 돌리면 배출량이 줄어들고 반시계 방향으로 돌리면 배출량이 늘어난다.

⑥ 분쇄커피 배출 레버 : 앞으로 당기면 분쇄통 안의 칸을 회전시켜 커피가루가 밑으로 떨어지도록 하였다.

⑦ ON/OFF 스위치 : 스위치를 1로 놓으면 ON, 0으로 위치시키면 OFF 상태가 된다.

자동 그라인더	
호퍼	1.3kg
칼날 타입	원뿔형(Conical burr)
정격	220V/단/450W
크기	W240×D420×H650

① 호퍼 : 원두를 담는 통

② 원두 투입 레버 : 레버를 누르거나 잡아당김으로써 투입구를 열어 원두를 배출하거나 투입구를 닫아 배출을 막을 수 있다.

③ 분쇄입자 조절 레버 : 병뚜껑을 닫아주면 뚜껑과 병의 사이 간격이 좁아져서 가늘게 분쇄되고 병뚜껑을 열어주면 병과 뚜껑의 사이 간격이 멀어지면서 두껍게 분쇄되는 나사식으로 구성되어 있다.

④ 원두 추출 버튼 : 원 샷, 투 샷, 프리(Free) 버튼을 눌러 추출한다. (MENU 버튼으로 추출량 조절)

⑤ ON/OFF 스위치 : 스위치를 1로 놓으면 ON, 0으로 위치시키면 OFF 상태가 된다.

4 우유 스티밍

1) 우유의 성분

우유의 성분은 크게 유당, 유지방, 유단백질, 무기질, 비타민, 효소 등으로 나뉜다. 유당은 포도당과 갈락토오스가 결합된 2당류로 에너지 공급 작용을 한다. 유지방은 에너지원과 세포막의 구성성분이 되고 유단백질은 근육, 뼈 등을 구성하고 무기질은 칼슘, 인, 나트륨, 철분, 구리의 미량원소이다. 비타민 C와 D를 제외한 각종 비타민이 들어있고 특히 비타민 B2가 많이 들어 있다. B2는 심장과 세포의 신진대사에 필수적이고 성장에 중요한 역할을 한다. 약 40여종의 효소가 있으며 대표적으로 지방질 분해와 소화 흡수율을 높이고 항균작용 및 면역력을 증가시켜 준다.

우유를 가열하면 베타-락토글로불린의 시스테인으로부터 휘발성 황화수소가 발생하여 가열취가 생성된다.(표면의 얇은 피막 형성). 거품을 내기에 적합한 우유는 유지방분이 조정되지 않은 우유로 살균시유가 적당하고, 1급 A 우유의 품질 기준(세균수/ml)-3만 미만이다.

유당은 우유에 함유된 이탄당(Disaccharide)으로, 유당분해효소인 락타아제가 부족하면 소화되지 않은 유당이 소장에서 삼투현상에 의해 수분을 끌어들임으로써 팽만감과 경련을 일으키고 대장을 통과하면서 설사를 유발하게 되는데 이러한 현상을 유당불내증(Lactose Intolerance)이라 한다. 이는 유전 현상으로 황인종, 흑인종은 백인종보다 유당불내증 현상이 심한데, 한국인은 우유를 잘 소화시키지 못하는 민족에 속한다.

뜨거운 커피에 커피 크림을 첨가하면 커피의 표면에 작은 형태의 털 조각이 떠다니는 것 같은 우모 현상이 발생하는데, 이것은 응고 현상으로 우유 속의 무기질 성분에 의한 것이다.

2) 우유 스티밍의 방법 및 원리

(1) 스티밍 방법

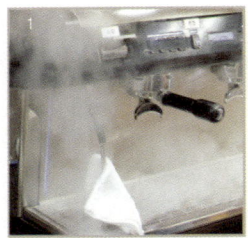   

| 스티밍 작업 전 충분한 스팀 분출 | 스팀피처를 기울여 팁을 우유에 넣고 밸브 작동 | 거품과 혼합 스티밍 작업 | 스티밍 작업 후 완드 청소 및 스팀 분출 |

① 우유 스티밍 작업 전 충분한 스팀 분출이 필요하다. 이는 스팀완드 안쪽에 있는 물기를 밖으로 배출하고 보일러의 안정된 압력을 형성시켜주기 위해서이다.

② 스팀피처에 적정량의 우유를 붓고 스팀 팁을 우유표면에 담그며 스팀 레버를 작동한다.

③ 공기 주입과 혼합 : 스팀 레버를 개방하고 스팀완드 팁을 우유 표면으로 가까이 가져가면 '치~익' 하는 소리가 나면서 주변의 공기를 우유로 유입시킨다. 이 과정을 거품이 필요한 만큼 반복적으로 진행한다. 단, 온도가 약 40도에 이르면 거품이 잘 만들어지지 않으므로 그 전에 공기 주입 작업을 종료해야 한다. 약 40도의 온도까지 공기 주입을 했다면 이제 공기와 우유가 잘 혼합될 수 있게 충분히 회전하여 롤링 작업을 진행해야 한다. 이때 스팀완드 팁을 우유에 너무 깊이 담그면 우유가 회전을 잘 못해 혼합이 제대로 이루어지지 않고 온도만 상승하는 결과를 가져올 수 있다. 롤링 작업을 지속하면서 약 60~65도 정도의 온도가 되었다고 판단되면 스팀 레버를 잠가 스티밍 작업을 종료한다. 숙달된 바리스타들은 손의 감각을 이용하여 온도를 체크하지만 초보자라면 온도계를 사용한다.

④ 우유 스팀 과정이 종료되면 스팀완드를 드립트레이 안쪽으로 밀어 넣고 내부에 남아있는 우유가 밖으로 튀지 않도록 스팀레버를 작동하여 충분히 분사해준다.

(2) 스티밍의 원리

스팀이 우유 표면을 쳐줄 때 공기가 주입되면 유지방이 공기를 흡착하고 단백질은 거품을 만들어낸다. 스팀 밸브를 열어 줄 때 스팀이 분사되는 곳에 공기 주입이 되지 않는다면 거품은 만들어지지 않는다. 스팀이 분사될 때 공기가 스며들 수 있는 곳, 즉 우유 표면 근처(1~2cm 즈음)에 스팀 완드의 팁을 가져다 놓아야 한다.

스티밍의 과정은 공기 주입, 거품 생성, 혼합 및 가열을 거쳐 카페라떼나 카푸치노를 위한 우유 거품을 생성한다. 우유를 30도 이상 가열하면 표면장력이 감소하고 거품이 일어난다. 기포 주변의 단백질 입자의 농도는 거품 형성을 쉽게 한다. 우유 거품을 생성할 때 우유의 적정 온도는 5℃가 적당하며 거품을 내는 과정은 40℃ 전까지 마치고 65~73℃까지 우유의 거품의 혼합 과정으로 마치면 된다.

스팀피처를 기울여 팁의 1/3을 우유에 넣고 공기 주입

거품과 혼합 스티밍 작업

(3) 웨트 폼(Wet Foam)과 드라이 폼(Dry Foam)의 차이

거품 생성 혼합 및 가열의 과정에서 이 둘의 비중에 따라 거품은 부럽거나 혹은 거칠다. 그러므로 이 둘의 시간 비중을 잘 두어야 한다. 가령 5℃에서 70℃까지 온도를 올리는 시간을 10이라 가정하고, 거품을 생성하는 시간을 7로 잡고 혼합하는 시간을 3이라 한다면 이 우유 거품은 거칠다. 그만큼 혼합 과정에서의 비중을 많이 두면 우유 거품은 부드러워진다.

(4) 여유 있는 거품 생성

마찬가지로 5℃에서 70℃까지 온도를 올리는 시간을 10초라 가정하자. 그럼 10℃에서 70℃까지 올리는 시간은 7~8초로 그만큼 짧아지게 된다. 내가 거품을 내고 난 후 우유와 거품을 혼합하는 과정의 비중을 길게 둬야 한다는 것이다. 그러므로 여유 있는 스티밍을 위해서는 우유와 스팀피쳐를 가능한 한 차갑게 두는 것이 좋다.

(5) 카푸치노와 카페라떼의 우유 거품을 만드는 방법

카푸치노와 카페라떼의 우유 거품 생성 차이는 우유의 양과 질에도 있겠지만 거품을 많이 내는 것과 조금 내는 것의 차이다. 전체 시간을 10으로 봤을 때, 거품 내는 시간을 3이라 하고 혼합하며 가열하는 시간을 7이라 하자. 카푸치노는 3이라는 시간 동안 6oz(180ml)의 잔에 거품 1cm 이상을 만들어내고 나머지 7은 혼합과 가열하는 시간으로 두면 된다. 카페라떼는 2~3이라는 시간 동안 7~10oz의 잔에 거품 0.5cm 이하로 만들고 나머지는 혼합과 가열하는 시간으로 둔다. 결국 같은 시간 동안 다른 양의 거품을 만들어내면 된다.

> Tip.
> 스티밍 중 혼합 과정을 너무 오래하면 우유가 끓어서 무거운 거품이 만들어지고 우유의 고소함과 단맛이 감해져 싱겁다.

5 에스프레소 음료 메뉴 만들기

1) 에스프레소의 메뉴와 제조 방법

에스프레소 솔로(Espresso Solo)

커피가루 7~8g(1잔), 커피가루 14~16g(2잔)

에스프레소 용액 20~30ml(1oz)를 추출하여 잔에 담는다.

완성된 에스프레소 솔로

에스프레소 리스트레또(Espresso Ristretto)

커피가루 7~8g(1잔), 커피가루 14~16g(2잔)

에스프레소 15~20ml를 추출하여 잔에 담는다.

완성된 에스프레소 리스트레또

에스프레소 도피오(Espresso Doppio)

커피가루 14~16g(1잔)

에스프레소 50~60ml(2oz)를 추출하여 잔에 담는다.

완성된 에스프레소 도피오

에스프레소 더블 리스트레또(Espresso Double Ristratto)

커피가루 14~16g(1잔)

에스프레소 30~40ml(1oz)를 추출하여 잔에 담는다.

완성된 에스프레소 더블

에스프레소 마끼아또(Espresso Macchiato)

커피가루 7~8g(1잔), 커피가루 14~16g(2잔)

에스프레소 30ml(1oz)를 추출하여 잔에 담는다.

에스프레소 마끼아또를 위한 우유 스티밍을 한다.

스티밍 된 우유를 우유 거품과 함께 에스프레소 잔에 따른다.

완성된 에스프레소 마끼아또

아메리카노(Americano or Long Black)

에스프레소 30ml(1oz), 뜨거운 물 180ml

머그잔에 뜨거운 물을 받는다.

잔에 에스프레소 30ml를 바로 추출하여 담는다.

(기호에 따라 에스프레소 양을 적절히 조절한다.)

완성된 아메리카노

(기호에 따라 시럽을 첨가한다.)

아이스 아메리카노(Iced Americano)

에스프레소 45ml(1.5oz), 찬물 180ml, 얼음 7~8개

에스프레소 45ml를 계량컵에 담는다.

(기호에 따라 에스프레소 양을 적절히 조절한다.)

얼음과 찬물 180ml를 잔에 담는다.

에스프레소 45ml를 물과 얼음이 담긴 잔에 살며시 부어준다.

(기호에 따라 시럽을 첨가한다.)

완성된 아이스 아메리카노

카페라떼(Caffe Latte)

에스프레소 30ml(1oz), 스팀밀크 170ml, 우유 거품

에스프레소 30ml를 추출하여 잔에 담는다.
(기호에 따라 에스프레소 양을 적절히 조절한다.)

카페라떼를 위한 우유 거품을 스티밍한다.

잔에 스팀밀크 170ml와 같이 우유 거품을 부어준다.
(기호에 따라 시럽을 첨가한다.)

완성된 카페라떼

아이스 카페라떼(Iced Caffe Latte)

에스프레소 45ml(1.5oz), 찬 우유 180ml, 얼음 7~8개

에스프레소 45ml를 계량컵에 담는다.
(기호에 따라 에스프레소 양을 적절히 조절한다.)

얼음과 찬 우유 180ml를 잔에 담는다.

에스프레소 45ml를 우유와 얼음이 담긴 잔에 살며시 부어준다.
(기호에 따라 시럽을 첨가한다.)

완성된 아이스 카페라떼

카페모카(Caffe Mocha)

에스프레소 45ml(1.5oz), 초코 소스 30ml, 스팀밀크 200ml, 우유 거품

잔에 초코 소스 30ml를 담는다.

에스프레소 45ml를 초코 소스가 담긴 잔에 넣고 섞어준다.

카페모카를 위한 우유 스티밍을 한다.

잔에 스팀밀크 200ml와 같이 우유 거품을 부어준다.

완성된 카페모카

아이스 카페모카(Iced Caffe Mocha)

에스프레소 45ml(1.5oz), 초코소스 30ml, 찬 우유 170ml, 얼음7~8개, 우유 거품

계량컵에 초코소스 30ml를 담는다.

에스프레소 45ml를 소스가 담긴 잔에 담고 섞어준다.
(기호에 따라 에스프레소 양을 적절히 조절한다.)

얼음과 찬 우유 170ml를 잔에 담는다.

커피와 소스가 섞인 것을 우유와 얼음이 담긴 잔에 살며시 부어준다.

완성된 아이스 카페모카

캐러멜 마키아또(Caramel Macchiatto)

에스프레소 45ml(1.5oz), 캐러멜 소스 15ml, 캐러멜 시럽 11ml, 스팀밀크 200ml, 우유 170ml, 얼음 7~8개, 우유 거품

잔에 캐러멜 소스 15ml와 캐러멜 시럽 11ml를 담는다.

에스프레소 45ml를 소스와 시럽이 담긴 잔에 넣고 섞어준다.

캐러멜 마키아또를 위한 우유 스티밍을 한다.

잔에 스팀밀크 약 200ml와 같이 우유 거품을 부어준다.

완성된 캐러멜 마키아또

아이스 캐러멜 마키아또(Iced Caramel Macchiatto)
에스프레소 45ml(1.5oz), 캐러멜 소스 15ml, 캐러멜 시럽 11ml, 찬 우유 170ml, 얼음 7~8개

계량컵에 캐러멜 소스 15ml와 캐러멜 시럽 11ml를 담는다.

에스프레소 45ml를 소스가 담긴 잔에 담고 섞어준다.
(기호에 따라 에스프레소 양을 적절히 조절한다.)

얼음과 찬 우유 170ml를 잔에 담는다.

커피와 소스+시럽이 섞인 것을 우유와 얼음이 담긴 잔에 살며시 부어 준다.

완성된 아이스 캐러멜 마키아또

# 6 응용 실습

1) 분쇄커피 사용량의 차이

준비물

에스프레소 머신, 그라인더, 탬퍼, 넉박스, 원두커피, 리넨, 시음 잔, 저울, PPT 자료
분쇄커피 사용량

분쇄커피 사용량

14g   17g   20g

향미	14g	
	17g	
	20g	

2) 그라인더 입자 조절의 변화

그라인더 입자 조절

굵게	정상	가늘게

향미	굵게	
	정상	
	가늘게	

 강의안

교과명	에스프레소 사용	단원	에스프레소 머신	차시	9
교육 목적	에스프레소 머신과 그라인더의 유래와 구조, 추출 원리를 이해한다. 에스프레소 머신과 그라인더를 이용한 추출 방법을 숙지한다. 에스프레소 머신과 그라인더를 이용해 추출을 하기 위한 다양한 변화를 주어 에스프레소 음료의 향미 변화를 살피고 이해한다.				
수업 자료	에스프레소 머신, 그라인더, 탬퍼, 넉박스, 원두커피, 리넨, 시음 잔, 저울, 우유, 물, 얼음, PPT 자료				

학습 단계	수업 내용	교수-학습 활동	지도상의 유의점
도입	▷에스프레소 추출 원리 설명 ▷수업 목표 제시	1. 에스프레소 머신의 특징과 구조에 대해 질문한다. 2. 에스프레소 머신의 추출 원리를 설명하고, 주의사항 및 수업 목표를 제시한다.	▷학습자의 추출 이론 지식 사전 파악 ▷수업 내용 목표 제시 ▷PPT 자료 활용
전개 1	▷분쇄커피 사용량의 추출 실험	1. 분쇄커피 14g, 17g, 20g을 담아 에스프레소 추출 실험 2. 향미 평가(익일 실시)	▷집중도가 떨어지지 않도록 질문과 체크 요함 ▷그룹별 실습
전개 2	▷그라인더 입자 조절의 추출 실험	3. 그라인더 입자 조절(굵게, 정상, 가늘게)에 따른 추출 실험 4. 향미 평가(익일 실시)	
실습 평가 및 정리	▷추출 이론을 응용하여 추출 설계	1. 실험을 통해 가장 적절한 추출법을 찾고 토론 2. 질문 및 정리, 팀별 평가	▷학습자의 이론 인지도 파악 ▷팀별 대결에 의한 실습 평가

문제

1. 아래 에스프레소 추출 동작을 순서에 맞게 나열한 것은?

> ⓐ 그라인더를 작동시켜 적당량이 분쇄되면 동작을 멈춘다.
> ⓑ 남는 커피를 깎아 커피 양을 조절한다.
> ⓒ 그룹헤드에서 포타필터를 분리한다.
> ⓓ 추출버튼을 작동하고 추출동작을 완료한다.
> ⓔ 에스프레소 잔을 내려놓는다.
> ⓕ 포타필터를 그룹에 맞추어 꽉 끼운다.
> ⓖ 필터바스켓을 마른 행주로 깨끗이 닦아 준다.
> ⓗ 필터바스켓 안에 담긴 분쇄커피를 레벨링(Levelling) 한다.
> ⓘ 포타필터를 그라인더 거치대에 걸쳐 놓고 배출 레버를 당긴다.
> ⓙ 탬핑 작업을 한다.
> ⓚ 필터홀더의 가장자리에 달라붙어 있는 커피가루를 깨끗이 털어준다.

① ⓐ-ⓑ-ⓚ-ⓙ-ⓗ-ⓖ-ⓕ-ⓔ-ⓓ-ⓒ-ⓘ
② ⓒ-ⓖ-ⓐ-ⓘ-ⓗ-ⓑ-ⓙ-ⓚ-ⓕ-ⓔ-ⓓ
③ ⓚ-ⓙ-ⓐ-ⓒ-ⓑ-ⓕ-ⓖ-ⓘ-ⓗ-ⓔ-ⓓ
④ ⓔ-ⓐ-ⓑ-ⓘ-ⓙ-ⓚ-ⓒ-ⓕ-ⓗ-ⓖ-ⓓ

2. 에스프레소 추출 시 커피케이크의 균일한 밀도 유지를 통해 물이 일정하게 통과할 수 있도록 해 주는 작업은?

① 그라인딩(Grinding)
② 태핑(Tapping)
③ 탬핑(Tamping)
④ 커핑(Cupping)

3. 다음 중 탬핑(Tamping)을 하는 이유로 맞는 것은?

① 필터에 커피를 잘 채우기 위해
② 두꺼운 크레마를 얻기 위해
③ 물과의 접촉 면적을 늘리기 위하여
④ 커피 케이크의 고른 밀도 유지를 통한 물의 균일한 통과를 위해

문제

4. 다음 중 에스프레소 추출 시 과소추출(Under extraction) 결과에 해당하는 현상은?
   ① 짙은 갈색 띠가 3~4mm 정도 형성된다.
   ② 거품의 입자가 매우 미세하며 곱다.
   ③ 크레마의 거품이 빠르게 사라진다.
   ④ 향기롭고 진한 감칠맛이 난다.

5. 에스프레소 한 잔 추출 시간이 30초 이상일 때의 원인으로 가장 거리가 먼 것은?
   ① 분쇄가 매우 곱게 됨
   ② 추출 압력이 낮음
   ③ 탬핑을 약하게 함
   ④ 기준보다 많은 양의 원두를 사용함

6. 에스프레소가 너무 빠르게 추출될 때의 원인으로 가장 거리가 먼 것은?
   ① 입자가 클 때
   ② 투입량이 적을 때
   ③ 추출 온도가 낮을 때
   ④ 추출 압력이 낮을 때

7. 다음 중 에스프레소 추출 시 물이 커피를 통과하는 시간에 영향을 미치는 요소가 아닌 것은?
   ① 탬퍼의 재질
   ② 과도한 탬핑
   ③ 커피가루의 분쇄 입자
   ④ 필터홀더 안에 담기는 커피 양

8. 다음 에스프레소 메뉴 중 스팀밀크의 곱고 끈끈한 형태의 실키 폼(Silky foam)이 포인트인 커피를 무엇이라 하는가?
   ① 도피오(Doppio)
   ② 리스트레또(Ristretto)
   ③ 룽고(Lungo)
   ④ 카푸치노(Cappuccino)

정답 1. ② 2. ③ 3. ④ 4. ③ 5. ② 6. ④ 7. ① 8. ④

프레소

- 프레소의 유래와 구조, 추출 원리를 이해한다.
- 프레소를 이용한 다양한 추출 방법을 숙지한다.
- 프레소를 이용해 추출한 커피 용액의 음용 방법을 숙지한다.

1 도구 개요 및 설명

 영국 록(ROK)사의 수동 에스프레소 추출 기구인 프레소는 디자인 그룹 데어포어의 패트릭 헌트가 디자인하였다. 필립스, 테팔 등 가전 브랜드와 협업했던 패트릭 헌트는 디자인과 기능을 동시에 만족하는 에스프레소 머신을 고민하였고, 상단에 있는 실린더에 물을 채우고 하단의 포타필터에 커피를 담아 전기없이 레버를 눌러 발생하는 힘으로만 커피를 추출할 수 있는 프레소를 디자인하게 되었다. 프레소는 핸드폴리싱 공법을 이용한 자연스러운 광택과 아름다운 디자인으로 2012년 지큐 잡지(GQ Magazine)에서 2012, 2013해의 베스트 스터프로, 그리고 런던 커피 페스티벌의 가장 획기적인 상품(Most Innivative Product)로 선정되었다.

프레소의 구조

① 피스톤 : 프레소의 상부에 장착되어 있는 피스톤은 뜨거운 물을 저장함과 동시에 추출 시 실린더로 물을 내려 보내는 역할을 한다.

② 실린더 : 실린더는 추출 시 압력을 형성하는 역할을 하며, 스마트 밸브로 인해 손의 힘으로만 압력을 만들어 커피를 추출할 수 있는 링이 장착되어 있다. 특히 안쪽에 있는 원판 주변을 둘러싸고 있는 실리콘 밸브는 양 레버를 내릴 때에만 물이 빠져 나갈 수 있도록 설계한 구조로 전 세계 특허로 등록되어 있다.

③ 포타필터 바스켓 : 분쇄된 원두가 담기는 프레소 전용 포타필터 직경 49.5mm로 되어 있다.

④ 탬퍼 겸용 스푸너 : 스푸너는 분쇄된 원두를 포타필터에 담는 역할을 하며, 필요 시 탬퍼로 사용할 수 있다.

2 유사 관련 도구 소개

모카포트(Mocha Pot)

핸드프레소(Handpresso)

3 기본 실습

준비물

원두커피, 에스프레소용 그라인더, 프레소, 전기포트, 온도계, 스톱워치, 저울(0.1g 측정 가능), 커핑 스푼 또는 시음 잔

추출 조건

로스팅 : 중볶음 물 양 : 40ml

분쇄도 : 0.3mm 이하

커피 양 : 8g(1인 기준)

① 추출 전, 피스톤(상부 물통)에 끓는 물을 넣고 일정 시간 예열한 다음 레버를 눌러 예열수를 뺀다.
② 샷 잔과 컵도 예열한다.
③ 포타필터 바스켓의 물기를 닦고 분쇄한 원두를 고루 잘 담는다.
④ 포타필터를 오른쪽에서 왼쪽 방향으로 장착한다. 일반 에스프레소 머신과는 반대 방향이다.

⑤ 끓는 물을 피스톤에 넣는다.
⑥ 레버를 위로 올려 피스톤의 물이 실린더로 내려가면 레버를 아래로 천천히 눌러 추출한다.
⑦ 에스프레소를 완성한다.

 **4 응용 실습**

1) 물 온도

추출 조건

로스팅 : 중볶음   물 양 : 40ml
분쇄도 : 0.3mm 이하
커피 양 : 8g(1인 기준)

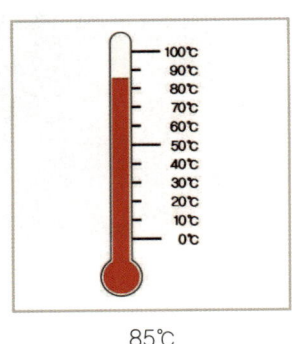
85℃

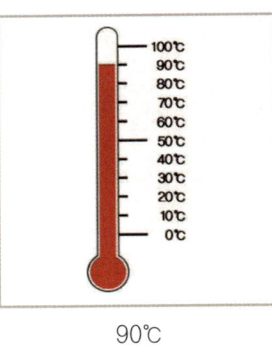
90℃

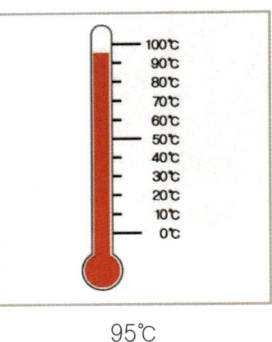
95℃

① 추출 전, 피스톤(상부 물통)에 끓는 물을 넣고 일정 시간 예열한 다음 레버를 눌러 예열수를 뺀다.
② 샷 잔과 컵도 예열한다.

③ 포타필터 바스켓의 물기를 닦고 분쇄한 원두를 고루 잘 담는다.
④ 포타필터를 오른쪽에서 왼쪽 방향으로 장착한다. 일반 에스프레소 머신과는 반대 방향이다.
⑤ 85℃(이거나 90℃, 95℃) 물을 피스톤에 넣는다.
⑥ 레버를 위로 올려 피스톤의 물이 실린더로 내려가면 레버를 아래로 천천히 눌러 추출한다.
⑦ 에스프레소를 완성한다.

향미	85℃	
	90℃	
	95℃	
기타		

2) 사용된 물의 양

추출 조건

로스팅 : 중볶음

분쇄도 : 0.3mm 이하

커피 양 : 8g(1인 기준)

원두사용량의 2배
16ml

원두사용량의 4배
32ml

원두사용량의 6배
48ml

① 추출 전, 피스톤(상부 물통)에 끓는 물을 넣고 일정 시간 예열한 다음 레버를 눌러 예열수를

빼다.
② 샷 잔과 컵도 예열한다.
③ 포타필터 바스켓의 물기를 닦고 분쇄한 원두를 고루 잘 담는다.
④ 포타필터를 오른쪽에서 왼쪽 방향으로 장착한다. 일반 에스프레소 머신과는 반대 방향이다.
⑤ 95℃ 물을 원두커피 사용량의 2배(이거나 4배, 6배)를 피스톤에 붓는다.
⑥ 레버를 위로 올려 피스톤의 물이 실린더로 내려가면 레버를 아래로 천천히 눌러 추출한다.
⑦ 에스프레소를 완성한다.

향미	2배	
	4배	
	6배	
	기타	

3) 분쇄도

추출 조건

로스팅 : 중볶음 물 양 : 40ml

커피 양 : 8g(1인 기준)

에스프레소용　　　　　　가는 분쇄　　　　　　중간 분쇄
Espresso(0.25mm 이하)　Fine(0.3~0.5mm)　Regular(0.5~0.7mm)

① 추출 전, 피스톤(상부 물통)에 끓는 물을 넣고 일정 시간 예열한 다음 레버를 눌러 예열수를 뺀다.
② 샷 잔과 컵도 예열한다.
③ 포타필터 바스켓의 물기를 닦고 에스프레소용(이거나 가는 분쇄, 중간 분쇄)으로 분쇄한 원두를 고루 잘 담는다.
④ 포타필터를 오른쪽에서 왼쪽 방향으로 장착한다. 일반 에스프레소 머신과는 반대 방향이다.
⑤ 95℃ 물을 피스톤에 붓는다.
⑥ 레버를 위로 올려 피스톤의 물이 실린더로 내려가면 레버를 아래로 천천히 눌러 추출한다.
⑦ 에스프레소를 완성한다.

향미	Espresso	
	Fine	
	Regular	
기타		

5 심화 실습

1) 메뉴 만들기

준비물

원두커피, 에스프레소용 그라인더, 프레소, 전기포트, 온도계, 스톱워치, 저울(0.1g 측정 가능), 얼음, 우유, 커핑 스푼 또는 시음 잔, PPT 자료

추출 조건

로스팅 : 중볶음, 강볶음 물 양 : 40ml
분쇄도 : 0.25mm 이하(에스프레소용)
커피 양 : 8g(1인 기준)

아메리카노(Hot or Iced)

① 추출 전, 피스톤(상부 물통)에 끓는 물을 넣고 일정 시간 예열한 다음 레버를 눌러 예열수를 뺀다.
② 샷 잔과 컵도 예열한다.
③ 포타필터 바스켓의 물기를 닦고 분쇄한 원두를 고루 잘 담는다.
④ 포타필터를 오른쪽에서 왼쪽 방향으로 장착한다. 일반 에스프레소 머신과는 반대 방향이다.
⑤ 끓는 물을 피스톤에 넣는다.
⑥ 레버를 위로 올려 피스톤의 물이 실린더로 내려가면 레버를 아래로 천천히 눌러 추출한다.
⑦ 에스프레소를 완성한다.
⑧ 잔에 뜨거운 물이나 얼음물을 넣고, 추출된 에스프레소를 부어 섞어준다.
⑧ 로드의 커피가 플라스크로 내려가면 분리한 후 잔에 따라 시음한다.

카페라떼(Hot or Iced)

① 추출 전, 피스톤(상부 물통)에 끓는 물을 넣고 일정 시간 예열한 다음 레버를 눌러 예열수를 뺀다.
② 샷 잔과 컵도 예열한다.
③ 포타필터 바스켓의 물기를 닦고 분쇄한 원두를 고루 잘 담는다.
④ 포타필터를 오른쪽에서 왼쪽 방향으로 장착한다. 일반 에스프레소 머신과는 반대 방향이다.
⑤ 끓는 물을 피스톤에 넣는다.
⑥ 레버를 위로 올려 피스톤의 물이 실린더로 내려가면 레버를 아래로 천천히 눌러 추출한다.
⑦ 에스프레소를 완성한다.
⑧ 잔에 뜨거운 우유나 얼음이 섞인 우유를 넣고, 추출된 에스프레소를 부어 섞어준다.

 강의안

교과명	에스프레소 사용	단원	프레소	차시	9
교육 목적	▷프레소의 유래와 구조, 추출 원리를 이해한다. ▷프레소를 이용한 다양한 추출 방법을 숙지한다. ▷프레소를 이용해 추출한 커피 용액의 음용 방법을 숙지한다.					
수업 자료	원두커피, 에스프레소용 그라인더, 프레소, 전기포트, 온도계, 스톱워치, 저울(0.1g 측정 가능), 커핑 스푼 또는 시음 잔, PPT 자료					

학습 단계	수업 내용	교수-학습 활동	지도상의 유의점
도입	▷프레소 추출 원리 설명 ▷수업 목표 제시	1. 프레소의 유래와 구조에 대해 질문한다. 2. 프레소 추출 원리를 설명하고, 강사가 추출하여 나누어 마셔본다. 3. 주의사항 및 수업 목표를 제시한다.	▷학습자의 추출 이론 지식 사전 파악 ▷수업 내용 목표 제시 ▷PPT 자료 활용
전개	▷응용 실습	1. 물 온도에 따른 추출 실험 및 향미 평가 (85℃, 90℃, 95℃) 2. 사용 물 량에 따른 추출 실험 및 향미 평가 (원두 사용량의 2배, 4배, 6배) 3. 분쇄도에 따른 추출 실험 및 향미 평가(에스프레소용, 가는 분쇄, 중간 분쇄)	▷집중도가 떨어지지 않도록 질문과 체크 요함 ▷그룹별 실습
	▷심화 실습	1. 메뉴 만들기(아메리카노, 카페라떼)	
실습 평가 및 정리	▷추출 이론을 응용하여 추출 설계	1. 실험을 통해 가장 적절한 추출법을 찾아 자유 추출한 후 향미 평가 2. 질문 및 정리, 팀별 평가	▷학습자의 이론 인지도 파악 ▷팀 대결에 의한 실습 평가

문제

1. 프레소를 이용해 추출한 커피로 만들 수 있는 메뉴가 아닌 것은?
   ① 아메리카노　② 녹차라떼　③ 카페라떼　④ 아포가토

2. 다음 추출 기구 중 가장 가는 분쇄를 사용하는 기구는?
   ① 프레소　② 사이폰
   ③ 에어로프레스　④ 프렌치프레스

3. 프레소를 커피를 추출할 때 일반적으로 사용하는 필터는 무엇인가?
   ① 종이필터　② 융필터　③ 포타필터　④ 금속필터

4. 프레소의 구성품 중 분쇄커피를 담는 부분의 명칭은 무엇인가?
   ① 포타필터　② 플라스크　③ 실린더　④ 피스톤

5. 프레소의 구성품이 아닌 것은?
   ① 실린더　② 피스톤　③ 포타필터　④ 로드

6. 다음 중 담는 기술이 중요한 추출 기구는?
   ① 파드커피　② 캡슐커피　③ 이브릭　④ 프레소

7. 다음 중 가장 낮은 온도의 물을 사용하는 추출 기구는?
   ① 프렌치프레스　② 콜드워터 브루어
   ③ 프레소　④ 에어로프레스

8. 프레소를 이용해 커피를 추출할 경우 작용하는 압력은 어느 정도인가?
   ① 1.5bar　② 2.5bar　③ 3.5bar　④ 4.5bar

문제

9. 다음 중 프레소를 이용해 추출할 수 있는 커피의 종류가 아닌 것은?
   ① 리스트레또   ② 카페오레   ③ 룽고   ④ 도피오

10. 프레소와 같은 추출 기구의 추출 원리는 다음 중 무엇인가?
    ① 침지식 추출   ② 투과식 추출   ③ 진공여과식 추출   ④ 가압식 추출

정답 1. ② 2. ① 3. ④ 4. ① 5. ④ 6. ④ 7. ② 8. ④ 9. ② 10. ④

참고 문헌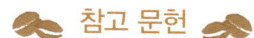

- 커피인사이드, 유대준, 해밀, 2009
- 커피지도사, 이정기 외, 커피투데이, 2012
- 홈키페마스터, (사)한국커피협회, 커피투데이, 2013
- 유키피디아 재인용 ; "History of the Cafetiere",Grierson, James, Coffee knowledge, UK : Galla coffee, 2009-12-23 article
- "Diterpenes from coffee beans decrease serum levels of lipoprotein in humans", European Journal of Clinical Nutrition(1997) 51, 431~436
- 커피마스터클래스, 신기욱, 클, 2015
- 핸드드립커피마스터, 박재범, 서울꼬뮨, 2015
- 홈메이드커피, 최영하, 알에이치코리아, 2014
- 그린커피, 신혜경·이상규, 커피투데이, 2015
- 로스터마스터, (사)한국커피협회, 커피투데이, 2013
- 바리스타 2급 자격시험 예상문제집, (사)한국커피협회, 커피투데이, 2013

집필진

이름	소속
신혜경	카페젬인브라운 대표이사 한림성심대학교 바리스타음료전공 겸임교수 (사)한국커피협회 이사, 한국커피문화연구 편집위원장
서혜승	대전시민대학 교수 (사)한국커피협회 이사
우상은	Prefer 대표 2011 KCGSC, 2012 KBrC 우승 (WCCK) (사)한국커피협회 이사
오영아	대전커피문화연구소 대표 전남과학대학교 호텔커피칵테일학과 교수
박찬영	한국커피창업학원 원장
이성우	로빈커피교육학원 원장
박찬주	강군커피컴퍼니 로스터 (사)한국커피협회 바리스타3급 팀장
강동영	군산코리아커피아카데미 원장
신미경	서울벤처대학원대학교 커피산업박사과정 수료
윤승현	5스타커피 대표
최상민	크리에이티브커피랩 대표

커피 지도사

초판 1쇄 발행 2016년 3월 25일
초판 5쇄 발행 2021년 4월 1일

지은이 (사)한국커피협회
펴낸이 강창범
펴낸곳 (주)커피투데이

출판등록 제2012-16호
주소 경기도 평택시 중앙2로 154-1
물류센터 070-7520-2114
홈페이지 www.coffeetoday.kr
전자우편 coffee2day@daum.net

가격 17,000원
ISBN 979-11-86627-05-1 (13570)

이 책은 저작권법에 따라 보호를 받는 저작물이므로 무단 전재와 복제를 금합니다.
이 책은 (사)한국커피협회와 (주)커피투데이의 독점계약으로 출간되었으므로 내용의 전부 또는 일부를 이용하려면 반드시 (사)한국커피협회와 (주)커피투데이의 서면 동의를 받아야 합니다.